细说明史

吴晗 著

中国人的冰火博弈

时代出版传媒股份有限公司
安徽文艺出版社

图书在版编目（ＣＩＰ）数据

细说明史：中国人的冰火博弈/吴晗著. --合肥：安徽文艺
出版社,2024.8

ISBN 978-7-5396-8096-5

Ⅰ．①细… Ⅱ．①吴… Ⅲ．①中国历史－明代－通俗
读物 Ⅳ．①K248.09

中国国家版本馆 CIP 数据核字(2024)第 097673 号

细说明史：中国人的冰火博弈
XI SHUO MINGSHI: ZHONGGUOREN DE BING HUO BOYI

出 版 人：姚 巍   出版统筹：宏泰恒信
特约编辑：连 慧   策划编辑：李 根
责任编辑：柯 谐   装帧设计：三形三色

出版发行：安徽文艺出版社   www.awpub.com
地　　址：合肥市翡翠路 1118 号   邮政编码：230071
营 销 部：(0551)63533889
印　　制：晟德（天津）印刷有限公司   (022)29903058

开本：880×1230 1/32 印张：8.5 字数：200 千字
版次：2024 年 8 月第 1 版
印次：2024 年 8 月第 1 次印刷
定价：55.00 元

第一章 | 太祖建国：大明王朝登上历史舞台

第二章 | 明暗纷争：博弈中寻求生存和发展

太祖建国：大明王朝登上历史舞台

明太祖在历史上是一个有地位的、了不起的人物，是应该肯定的。反过来说，这个人是不是一切都好呢？不是的，他有很多缺点，做了不少坏事。不要说别的，我们就举这样一条：他定了一些制度，写成一本书叫《皇明祖训》。

明太祖的建国

首先，我们应该弄清国家的含义。近几年来的学术讨论中，有人往往把我们这个时代关于国家的含义等同于历史上的国家的含义。这是错误的、不科学的。我们今天所说的国家，包括政府、土地、人民、主权各个方面。由于政权性质的不同，国家可以分为好几类，有人民民主国家、资本主义国家、民族主义国家等等。历史上国家的含义就跟这不一样。简单地说：历史上的国家只能是某一个家族的政权，不能把它等同于今天我们所说的国家。曹操的儿子曹丕临死前写了一篇遗嘱，说："自古无不亡之国。"这里所说的"国"是什么呢？就是指某个家族的政权，是指刘家的、赵家的、李家的或者朱家的政权。这些政权经常更替，一个灭亡了，另一个起来。所以曹丕说自古无不亡之国。但

是一个政权灭亡了，当时的国家是不是也灭亡了呢？没有。譬如汉朝刘家的政权被推翻了，曹操的儿子做了皇帝，还是有三国，我们的历史并没有中断。曹家的政权被推翻了，司马氏做了皇帝，国家也没有灭亡。所以，历史上的所谓亡国，就是指某一个家族的政权被推翻，国家还是存在的，人民还是存在的。因此我们所说的明太祖建国，也是指他建立的朱家的政权。这个国跟我们今天的中华人民共和国有本质的不同，它只代表一个家族、一个集团的利益，而不代表整个民族的共同的利益。把这个含义弄清楚，我们才可以讲下面的问题，就是朱元璋的政权依靠的是什么。

一、土地关系问题

要讲土地关系问题，不能不概括地讲讲当时的基本情况。在十四世纪中叶，大致是从 1348 年到 1368 年的二十年中间，发生了大规模的农民起义、农民战争。规模之大，几乎遍及全国，从东北到西南，从西北到中南，到处都有农民战争发生。不单是有汉族农民参加，各地的少数民族也参加了，如东北的女真族（就是后来的建州族）、西南的回族都参加了斗争的行列。时间之久，前后达二十年。战争激烈的情况，在整个历史上都是少有的。

在二十年的战争中，反对元朝的军事力量大致可以分为两个体系：一支是"红军"。因为参加起义的人都在头上包一块红布作为标志，在当时政府的文书上称为"红军"，也有个别的叫作"红巾军"。这是反对元朝的主要力量。现在有些历史学家不大愿用"红军"这个名称，大都称为"红巾军"。大概有这样一个顾虑：怕把历史上的红军同我们党建立的红军等同起来。在我的记忆里有这样一件事：大约二十年前，国民党政府的一个什么馆，要我写明史。书写好之后交给他们看，他们什么意见也提不出来，最后说：你这上面写的"红军"改不改？要改就出版，不改就不出版。我说：不出版拉倒！（这本书现在没有出版）他们怕红军，不但怕今天的红军，也怕历史上元朝的红军，因此他们要我改掉。我不改，因为根据历史记载，这支起义军本来就是红军，不是白军。这不说明什么政治内容，而只是说他们头上包了一块红布而已。红军又分成两部分：一部分在东边活动，一部分在西边活动。具体说，东边是指今天的安徽、河南、河北一带，西边是指江汉流域（长江、汉水流域）。江汉地区的红军很多，包括"北锁红军"和"南锁红军"。反对元朝的另一支军事力量是非红军系：在浙江有方国珍，在元末的反元斗争中，他起兵最早；在江苏有张士诚；在福建有陈友定。这三支军队都不属于红军系统。当时为什么能爆发这样大规模的农民起义呢？我想在讲元朝历史的时候已提到了，这里就不再重复。

下面讲讲红军提出了些什么问题。

红军当中的一些领导者，他们在反元斗争展开之后发布了一个宣言（当时叫檄文），里面有这么两句话："贫极江南，富称塞北。"（文件的全文已看不到了，只留下这么两句。）这说明什么呢？说明红军反对元朝的统治，要推翻元朝的统治。这是一个有各族人民参加的阶级斗争。当时元朝的政治中心，一个在大都（北京），一个在上都。元朝政府经常派出很多官吏和军队到南方去搜刮物资，把这些物资运到北方去供少数人享受。元朝的皇帝在刚上台时，为了取得军事首领、部族酋长的支持，对他们大加赏赐，按照不同的地位给他们金、银、绸缎一类的物资。遇到政治上有困难时，为了获得支持以巩固自己的统治，也采取这种办法。每次赏赐的数目都很大，往往要用掉一年或者半年的收入，国家财政收支的一半甚至全部都给了他们。这些物资是从哪里来的呢？是从全国人民身上搜刮来的。几十年光景，造成了"贫极江南，富称塞北"的局面。这样的统治使老百姓活不下去了，他们就起来斗争，改变这个局面，所以提出了这样鲜明的口号。

红军初期的主要领导人韩山童，是传布白莲教起家的（他家里世世代代都是传布白莲教的）。由于通过宣传白莲教，通过宗教迷信活动可以组织一部分力量，于是他就提出"明王出世""弥勒佛降生"的口号。明王是明教的神，也叫"明尊"或"明使"。明王出世的意思是光明必然到来，光明一到，黑暗就给消灭了，最后人类必然走进光明极乐的世界。弥勒佛是佛教里的著名人物。传说在释迦牟尼灭度（死）后，世界就变坏了，种种坏事全部出现，人的生活苦到不能再苦。幸得释迦牟尼在灭度前留下一句话，说再过若干年，会有弥勒佛出世。这佛爷一出世，世界立刻又变得好起来：自然界变好了；人心也变慈善了，抢着做好事，太太平平过日子；种的五谷，用不着拔草翻土，自己会长大，而且下一次种有七次的收成。这种宗教宣传，对当时受尽苦难的农民产生了深刻的影响，他们希望有人来解救他们。所以，在广大农民中间，白莲教就用"明王出世""弥勒佛降生"这样的口号作为号召来组织斗争力量。

这种宗教宣传对农民能够发生作用，可是对知识分子就不能够发生作用了，特别是一些念四书五经的儒生不相信这一套。因此，对他们必须有另外一种口号。红军的领袖们就利用一些知识分子对元朝统治的不满，对宋朝怀念的心情，提出了"复宋"的口号。他们假托自己是赵家的子孙。韩山童是河北人，起兵之后被元朝政府杀害，他的儿子韩林儿跑掉了。之后刘福通就利用元朝政府治理黄河的机会组织反元斗争。当时黄河泛滥成灾，元朝政府用很大力量调了很多民夫、军队来做黄河改道的工作。民夫和军队都集中在一起，刘福通就乘机组织民工发动反元斗争。军事行动开始之后，他们就假托韩林儿是宋徽宗的第九代子孙，刘福通是南宋大将刘光世的后代。他们以恢复宋朝的口号来团结一部分知识分子。所以红军有两套口号：一方面宣传"明王出世""弥勒佛降生"来团结和组织农民；另一方面以恢复宋朝政权相号召，团结社会上有威信的知识分子。而中心则是阶级斗争，推翻剥削阶级。

刘福通起兵之后，声势很大，得到了各个地方的响应。在江

苏萧县有芝麻李起兵响应；安徽凤阳有郭子兴起兵响应，一下子就发展到几十万军队。他们从山里把韩林儿找出来，让他做了皇帝，建立了统治机构。同时分路出兵攻打元朝：一支由华北打到内蒙，之后东占辽阳，转入高丽；另一支打到西北；还有一支打到四川。

以上讲的是东部红军的情况。

西部红军的主要领导人叫彭莹玉，他是一个和尚，原来在江西袁州组织过一次武装起义，失败以后，就跑到淮水、汉水流域，秘密传教，组织力量。后来他找到徐寿辉，组织武装力量，进行反元斗争。徐寿辉被他的部下陈友谅杀掉以后，西部红军的主要领导人就是陈友谅。此外，徐寿辉的另一个部将明玉珍跑到四川，在那里也建立了政权。

从二十年的长期战争中，我们可以看出这样几种基本情况：

第一，不管是东边韩林儿这一支，或者是西边陈友谅这一支，他们遇到的最坚强的敌人不是元朝的军队。这时元朝军队已经失去了建国初期那种勇敢、剽悍的特征，无论是军官也罢，士兵也罢，都腐化了，不能打仗了，在与红军作战时，往往是一触即溃。既然元朝军队不能打仗，为什么战争还能延续二十年呢？原因就在于坚决抵抗红军的是一些地主阶级的武装力量。这些武装力量，元朝政府把它称为"义军"。这些力量很强大，最强的有察罕帖木儿、扩廓帖木儿父子所领导的这一支；此外，李思齐、张思道、张良臣等也都很有实力。至于小的地主武装就举不胜举了。这些地主武装为什么这样坚决地反对农民起义呢？因为红军坚决反对阶级压迫。应该说当时的农民革命领袖并没有消灭地主阶级的思想，若要把现代人的意识强加于古人，那是错误的。那个时代的人不可能有消灭地主阶级的思想，但是，他们恨地主阶级，因为他们世代受地主阶级的剥削、压迫，现在他们自己有了武装力量，就要对这些地主阶级进行报复。在这样的情况下，各地的地主阶级都组织力量来抵抗红军。其中最强的是察罕帖木儿和李思齐这两支力量。所以，红军在几路出兵的千里转战中，所遇到的主要敌人不是元朝的正规军，而是这些地主阶级的武装。在红军遭到这些地主武装的顽强阻击而受到损失之后，元朝政府就承认这些地主武装，封给察罕帖木儿、李思齐、张思道、张良臣及其部队以官位和名号。

一方面是红军，他们要改变"贫极江南，富称塞北"的局面；另一方面，顽强抵抗红军的主要是地主阶级的武装力量，其中主要的、数量最多的是汉人地主的武装力量。这就是从1348年到1368年二十年战争中的第一个基本情况。

第二，在二十年的斗争中，尽管起义的面很广，战争区域很大，军事力量发展得很快，但是始终没有形成统一的指挥。不管是刘福通这个系统，或者是徐寿辉这个系统，都是各自为政，互不配合。尽管在战争的过程中，东边的胜利可以支持西边，西边的胜利可以支持东边，可是战略上没有统一的部署，缺乏统一的领导。不只是东边这一支和西边这一支二者之间出现这种情

况，就是在刘福通领导下的军事力量也是这样。军队从几路分
兵出发，不能采取通盘的步骤，而是你打你的，我打我的。尽管
他们也有根据地（刘福通建都开封，陈友谅建都武汉），但是在
当时交通不便的情况下，前方和后方的联系很差，这支军队和那
支军队之间的情况互不了解。尽管他们的军事力量都很强大，一
打起仗来往往是几百里、几千里的远征，所到的地方都能把敌人
打败，所消灭的敌人也很多，可是并不能把所占领的地方安定下
来，没能建立起各个地方的政权。因此红军走了之后，原来的蒙
古人和汉人地主的联合政权又恢复了。最后，这几支军队都由于
得不到后方的接济，得不到友军的配合而被逐个消灭了。他们虽
然失败了，但在历史记载上很少发现有投降的，绝大多数都是战
斗到最后。相反，不属于红军系统的那些反元力量，像浙江东部
的方国珍（佃户出身），以苏州为中心的张士诚（贩私盐的江湖
好汉出身），他们也是反抗元朝的，也都有自己的政权，建号称
王，可是在顶不住元朝的军事压迫的时候就投降，接受元朝的指
挥。过一个时期看到元朝军事力量不行了，又起来反对元朝。方
国珍也罢，张士诚也罢，都这样经常反复。他们虽然反对元朝，
但并没有像红军那样提出政治的、宗教的阶级斗争口号。在二十
年战争中，最后取得胜利的不是这些人，而是在韩林儿的旗帜下
成长起来的朱元璋。

　　朱元璋出身于红军。他家里很穷苦，没有土地。从他祖父
起，就经常搬家，替地主干活。最后，他父亲在安徽凤阳（当时

的濠州）的一个小村子里落了户。朱元璋小的时候给人家放牛羊，之后因为遇到荒年，瘟疫流行，他的父母、哥哥都死了，他自己没有办法生活，便在庙里当了和尚。庙里是依靠地租过活的（过去寺院里都有大量的土地），遇到荒年，寺院里也收不到租，当和尚也还是没有饭吃。朱元璋只好出去化缘、要饭。他在淮水流域要了三年饭。这三年要饭的生活与朱元璋一生的事业有很大的关系。因为我们上面讲到的彭莹玉就是在这一带地方进行活动，通过宗教宣传组织反元斗争的。这样，朱元璋就不能不受到他的影响。同时，这三年的流浪生活也使朱元璋熟悉了这一带的地理、山川形势和风俗民情。三年后，朱元璋重新回到庙里。这时，濠州的郭子兴已经起兵，成为红军的将领之一。因为朱元璋和红军有来往，元朝政府就很注意他。他的处境很危险。但这时朱元璋还很彷徨，两条道路摆在面前：是革命呢，还是反革命呢？经过一番考虑，他最后还是投奔了红军，在郭子兴的部下当了一名亲兵。朱元璋自己后来写文章回忆，说他当时参加这个斗争并不很坚决，而是顾虑很多的。参加了郭子兴的部队以后，他很勇敢，也能够出主意，能够团结一些人。后来成了郭子兴的亲信，郭子兴就把自己的养女马氏许配给他，这样他就成了郭子兴的女婿，军队里称他为朱公子。朱元璋在反元斗争中用计谋袭击了一些地主武装，把这些地主武装拉了过来。同时他又回到自己的家乡去吸收了一批人，当时有二十四个人跟他参加了红军，以后都成了有名的将领，开国名将徐达就是其中之一。郭子兴死了

之后，朱元璋代替了郭子兴，成为韩林儿旗帜下的一支军事力量的将领。这时，他的力量还并不强大。那么，他为什么能够赢得战争的胜利，取得全国的政权呢？有这么几个因素：

第一个因素是正当朱元璋开始组织军事力量时，刘福通部下的红军正在跟元朝的军队作战，元朝军队顾不上来打朱元璋。朱元璋占领区的北面都是红军，这样，就把他的军队和元朝的军队隔开了。所以，当红军和元朝军队作战时，朱元璋可以趁此机会壮大自己的武装力量，占领许多城市。

第二个因素是他取得了地主阶级知识分子的支持。他起兵之后不久，就有一些知识分子投奔他，像李善长、冯国用、刘基、宋濂、章溢、叶琛等。这些人都是浙江、安徽地区的地主阶级知识分子，在地方上有些威望，而且都有武装力量。这些知识分子替朱元璋出主意，劝他搞生产、搞屯田。在安徽时，朱升劝他"高筑墙、广积粮、缓称王"。这就是要他先把根据地搞好，在后方解决粮食问题，一开始不要把目标搞得太大。李善长、刘基劝他不要乱杀人，不要危害老百姓，要加强军队纪律，要巩固占领的城市，并经常把历史上成功的经验和失败的教训告诉他。朱元璋本人也很用功地学习历史，他在进行军事斗争或政治安排时，总是要征求这些人的意见，研究历史上的经验教训。

这里有一个问题，朱元璋出身于红军，他反对地主，而地主阶级为什么要支持他呢？这不是一个很大的矛盾吗？要了解这个问题，必须从当时的具体历史情况来看。朱元璋本人要打击地主，因为他受过地主阶级的压迫。可是在进行军事斗争的过程中，他感到光像过去那样打击地主、消灭地主，不仅很难取得地主阶级的支持，而且会遭到地主阶级的顽强抵抗。所以，在他还没有成为一个军事统帅的时候，他就改变了红军的传统，开始和地主阶级合作，取得他们的支持。这是问题的一方面。另一方面，地主阶级怎么愿意支持他呢？前面不是说过，红军在北上的战争中所遇到的最大阻力不是元朝军队，而是地主阶级的武装吗？原因很简单，就是安徽、浙江地区的地主阶级，他们看到元朝政府已经不能维持下去了，他们不能再依赖元朝政府的保护，而他们自己的武装力量又无论如何也抗拒不了朱元璋的进攻；更重要的是他们了解到朱元璋欢迎他们，采取跟他们合作的方针。他们与其坚决反抗朱元璋而被朱元璋消灭，还不如依靠朱元璋，得到朱元璋的保护，以维护自己的阶级利益。所以，当朱元璋派人去请刘基的时候，刘基开始拒绝，可是经过一番考虑之后，最后终于接受了。

朱元璋的军队加入了这样一批力量之后，它的性质逐渐改变了。所以在他以后去打张士诚时所发布的一个宣言中，不但不再承认他自己是红军，反而骂红军，攻击红军，把红军所讲的一些道理称为妖言。尽管这时他在形式上还是接受韩林儿的命令，用韩林儿的年号，他的官爵也是韩林儿封的，但实质上他已经叛变了红军。到了1368年，他已把陈友谅、张士诚消灭，派大将徐达进攻北京，这时又发布了一个宣言。在这个宣言中像红军所提

出的"贫极江南，富称塞北"的口号都没有了。主要提些什么问题呢？夷夏问题。就是说少数民族不能当中国的统治者，只能以夏治夷，不能以夷治夏。他要建立和恢复汉族的统治。在这样的情况下，战争的性质改变了，不再是红军原来的阶级斗争的性质，而是一个汉族与蒙古族的民族战争。

1368 年，朱元璋的军队很顺利地打下了北京。元顺帝跑到蒙古，历史上称为北元。元顺帝虽然放弃了北京而回到蒙古，可是他的军事力量并没有受到太大的损失，还仍然保持着比较强大的军事力量和完整的政治机构。他并不认为自己统治的王朝已经结束了，他经常派兵来打北京，要收复失地。所以在明朝初年，明朝和北元还有几次很激烈的战争。到了洪武八年（1375），北元的统帅扩廓帖木儿死了，蒙古对明朝的威胁才减轻了一些，但仍然没有结束。这时北元和高丽还保持着密切的关系，高丽的国王还照样是北元的女婿（每一个高丽国王都要娶蒙古贵族女子做妻子），在政治上仍然依附于北元。这种关系一直维持到洪武二十五年（1392）。这一年，高丽内部发生斗争，大将李成桂为了取王朝而代之，他依靠明朝的支持，在国内发动政变，推翻了旧的王朝，建立了一个新的朝代。从此，高丽臣服于明朝。同时，李成桂在求得明太祖的同意之后，把国名高丽改为朝鲜。此后一直叫朝鲜，不再称高丽了。朝鲜国内的政治变革，反映了明朝和北元的斗争关系和势力的消长。

总结上面所说的历史情况，得到这样的结论：经过二十年长期的战争，一方面是红军（包括东、西两部分）和非红军（像方国珍、张士诚）；另一方面是元朝军队，更重要的是各个地方的汉人地主武装力量。在战争过程中这些汉人地主武装大部分被消灭了。也由于二十年的长期战争，各地人口大大减少，土地大量地荒废。因此1368年明太祖建国之后，他就不能不采取一些措施，改变这种情况。一个以农业为主要生产手段的国家，农业生产得不到保证，它就不能维持下去。因此，在明朝初年采取了一系列的办法：

第一，大量地移民。例如移江浙的十四万户农民到安徽凤阳，迁山西的一部分人口到河南、河北、安徽去。移民的数量是很大的，一移就是几万家，甚至十几万家。迁移的民户到了新的地方之后，政府分配给他们土地。这些土地是从哪里来的呢？就是一些在战争中被消灭的大地主的土地和无主荒地。此外，政府还给耕牛、种子、农具，并宣布新开垦的荒地几年内不收租，提高他们的生产积极性。

第二，解放匠户。元朝有所谓匠户制度。成吉思汗定下了这样一种办法：每打下一个城市之后，把一般的壮丁都杀掉，但是把有技术的工人，无论是铜匠、铁匠或其他行业的工匠都保留下来。把每个大城市的技术工人都集合在一起为官府生产，这些人就称为匠户。这些匠户几乎没有人身自由，世世代代为官府服役。明太祖把他们部分地解放了，给他们一些自由，鼓励他们生产。匠户数目很大，有几十万人。

第三，凡是战争期间，农民的子弟被强迫去当奴隶的，一律解放，给予自由。这样，就增加了农业生产的劳动力。

第四，广泛地鼓励农业生产。明太祖采取了很多措施：规定以各地农业收成的好坏作为考核地方官工作成绩的重要标准之一，地方官每年要向中央报告当地人口增加了多少，农作物的产量增加了多少；大力鼓励农民种植桑树和棉花，规定每一户的土地必须种多少棉花、多少桑树和果树。而且用法令规定：只要能够种棉花的地方就必须种棉花，能够种桑树、果树的地方就必须种桑树、果树。这样，农民的副业收入增加了。关于朱元璋鼓励种棉花的措施特别值得提一下。在朱元璋以前，更具体地说，在 1368 年以前，我们的祖先穿的是什么衣服呢？有钱的人夏天穿绸、穿缎，冬天穿皮的（北方）或者穿丝棉。老百姓穿的是什么呢？穿的是麻布。有一本看相的书，就叫《麻衣相法》。当时棉花很少，中国自南北朝的时候就有棉花进口，但数量少。到宋朝时棉布还是很珍贵。可是到了明太祖的时候，由于大力提倡种植棉花，以及当时由于种种原因，纺纱、织布的技术提高了，因而棉布大量增加。这样，我们祖先穿的衣服就改变了，过去平民以穿麻衣为主，现在一般人都能穿上棉布衣服。并且形成了几个产棉区和松江等出产棉布的中心。也是在这个时期，棉花种子从中国传入了朝鲜。结果在不太长的时间内，朝鲜人也穿上了棉布衣服。

在农业生产发展、农业经济恢复的基础上，朱元璋采取了支持商业的方针。在南京和其他一些地方，都专门为商人盖了房子，当时叫作"塌房"，以便他们进行商业活动。

所以，经过从 1348 年到 1368 年的二十年的长期战争，由于战争延续的时间长，涉及的区域广，战争的情况又极为残酷，社会上人口死亡很多，荒芜了很多土地。但是，经过洪武时期二十多年的努力以后，社会生产逐渐恢复并发展了，经济繁荣了。

那么，最后，问题归结到什么地方呢？朱元璋的政权依靠谁呢？

上面说过，元朝的大地主在战争中基本上被消灭了，在这种情况下，土地关系发生了重大的变化。第一种情况，过去土地比较集中，一个大地主占有很多土地，拥有很多庄园。现在这些大地主被消灭了，他们的土地被分配给了无地、少地的农民，或者是新来的移民。这样，一家一户几亩地，土地分散了，这是基本的情况。土地分散的后果是什么呢？在政治上是阶级矛盾的缓和。原来那些人口密度很高的地区（江苏、浙江一带），现在一部分地主被消灭了，一部分人口迁徙出去，留下来的农民有了部分土地，有了一些生产资料，这样，阶级关系就比过去缓和了。第二种情况与这相反，就是那些没有被消灭的地主，像李善长、冯国用、刘基、宋濂这些人，他们原来的土地不但保留下来了，而且有了发展。他们大都成为明朝的开国功臣，做了大官。第三种情况是出现了新的地主阶级。像朱元璋回家招兵时，跟他出来

的二十四个人后来都成了他的大将、开国功臣，朱元璋给他们封公、封侯。这些人在政治上有了地位，经济地位也跟着提高了。明朝初年通过分配土地，他们都成了新的地主阶级。

情况这么复杂，那么，整个说来，农民的土地问题解决了没有呢？没有解决。封建剥削还是存在，农民还是要向地主交租，还是受地主阶级的压迫，在某些地方甚至还有所加强。明太祖是红军出身，是反对地主阶级的，现在他自己成了全国最大的地主。因此，就发生了前面所提到的那种情况：明太祖建国之后，农民的反抗斗争就随之开始，一直到明朝灭亡。什么原因呢？因为阶级关系没有改变，土地问题没有解决。但是由于元末大地主阶级的土地分散的结果，在一定的历史时期内，某些地区的阶级斗争有所缓和。在这个基础上才有可能出现以后的郑和下"西洋"的事情。

上面所说的，牵涉到最近史学界讨论的一个问题，就是农民起义能不能建立农民政权的问题。这个问题有不少争论，涉及所谓皇权主义问题。中国的农民有没有皇权主义？有的人说有，有的人说没有。我们现在从朱元璋这个具体的人，以及从当时的具体历史事实来研究这个问题。我想，可以得出这样的结论：历史上任何农民战争最后必须要建立一种政权。政权有大有小，有的农民起义领袖自称为将军，因为他只知道将军是最大的；有的自称为"三老"；有的称王；有的称皇帝。他们能不能采取别的称号呢？能不能不利用这些当时实际存在的、为大家所熟悉的名称，而采取跟当时历史实际没有关系的名称呢？或者说农民没有这种可能，就是他们在建立政权时，不采取他们所反对的政权形式，而另外创立一种跟原来的政权完全不同的政权形式呢？没有！他们只能称将军，称"三老"，称王，称帝，不可能称几百年、几千年之后的苏维埃共和国，不可能称总统或者主席。

因此，在谈到农民革命能不能建立政权的问题时，结论只能是：（1）它必然要建立政权。没有政权怎么办事？大大小小总要有一个机构；（2）它组织的政权跟当时现行的政权不可能完全相反，它只能运用它所熟悉的东西，而不能采取它所不知道的东西；（3）这个政权不可能是为农民服务的政权。因为它为了使自己能够长期存在下去，所能采取的办法只可能是封建国家压迫农民的办法，而不可能有其他办法。如果它要真正成为农民自己的政权，它就必须解决这样的问题：推翻地主阶级的统治，实行土地革命。但是这样的思想认识，在长期的封建社会里是不可能有的。任何国家的封建社会都没有发生过。它只能对个别地主进行报复，你这个地主欺侮过我，杀了我的人，我现在也把你杀掉，把你的房子烧掉，把你的东西抢来。这些都是可能做到的。但是要把整个地主作为一个阶级推翻，这在当时是不可能的。要知道，反封建这种口号的提出，还是近代的事情。而且就是在今天世界各国，除了我们已经完成了这个任务之外，还有很多地区没有解决这个问题。印度也算是一个共和国，但是它不反封建，印度的地主阶级照样存在。我们不能以十九世纪、二十世纪才出现

的思想去要求封建社会的农民。而且从理论上来说，农民政权要建立起来，而且要巩固下去，它的收入从何而来？它的财政开支从何而来？那时没有现代化的大工业，国家财政开支只能取之于农民。除此之外，别无出路。所以，它只能采取封建国家对农民压迫的形式，而不可能有别的形式。因此，历史上所有的农民革命没有例外地在它取得政权之后，必然变质，他们从反对地主阶级开始，结果是自己又变成了地主阶级，新的地主阶级代替旧的地主阶级。这就是历史上农民革命不断起来的根本原因。

在土地比较分散的基础上，尤其是在这样一个空前的大国的情况下，朱元璋建立了一个高度中央集权的政权。关于政治机构问题，当时要完全改变明朝以前的政治机构，既不容许这样做，也没有必要这样做。元朝的中央政权机构有中书省（相当于我们现在的国务院），中书省的长官有左丞相、右丞相、平章、参知政事等官。中书省下面有管具体事情的各部。为了统治全国，元朝政府把中书省分出一部分到地方上，代表中央管理地方工作，叫"行中书省"，简称"行省"。行省的职权很大，民政、财政、军事一切都管。掌管监察的机关叫"御史台"，地方上有行御史台，简称"行台"。在这样的情况下，发生了权力分散的问题。所以后来元朝政府对地方的统治愈来愈弱。明朝初年（洪武元年到洪武十三年，即1368—1380）继承了元朝的这个制度，中央还设有中书省，地方上设立行中书省。这就是上面所说的，农民革命不能创出新的东西来，它只能模仿和继承已有的东西。

　　这种局面给朱元璋提出了一个问题，就是如何巩固和加强自己的统治问题。明初政权逐渐产生了很多矛盾，第一，明朝的政权是地主阶级的政权，但明初地主阶级分为旧地主和新兴地主两派。朱元璋起兵于淮河流域，而刘基等则是参加了红军的江浙地主。两个地主集团之间存在着矛盾。当时有一首诗说："城中高髻半淮人。"衣服穿得漂亮的、有钱的，多是两淮流域的人。两淮流域的新兴的地主阶级、官僚贵族，其中绝大多数不但拥有广大的庄园，而且还有大量的奴隶、家丁。有些将军还有假子。假子是朱元璋兴起的办法。他在起兵时把一些青年收作自己的儿子，像沐英、李文忠都是他的干儿子，也是他手下有名的将领。他在派一个将军出去作战时，往往同时派一个假子去监视。在这种作风的影响下，他下面的许多将军也有很多假子，他们拥有武装力量，有土地，有很多奴隶。这样，就形成许许多多小的军事力量。他们往往不遵守政府的规定，违法乱纪。明太祖要把这些劳动力放在国家的控制下，他们却要放在自己的庄园里。第二，两淮流域新兴的地主集团和国家，即和朱元璋的统治之间的矛盾。这两个矛盾从1379年到1381年逐步尖锐。两淮流域地主集团的代表人物胡惟庸在这个斗争中被杀了。除了上面所说的两个矛盾之外，还有第三个，胡惟庸个人和朱元璋之间的矛盾，这是君权和相权之间的矛盾。皇帝应该管什么事，宰相应该管什么事，历史上没有明文规定过。在设置中书省的情况下，许多事情都由中书省掌握，中书省认为这件事情有必要请示皇帝就请示，

认为没有必要请示的，就自己办了。胡惟庸这个人有野心，也很有才能，他在中书省多年，排斥了一些人，也提拔了一些人，造成他在中书省的强固地位。有许多事情他自己办了，明太祖根本不知道，事后明太祖发现了就很生气。这样，矛盾就产生了，而且日益尖锐。洪武十三年（1380），这三个方面的矛盾终于全面爆发。按照明朝的规定，军队指挥权掌握在皇帝手中。这样，明太祖在这个斗争中取得了胜利，他假借一个罪名把胡惟庸杀了，还牵连杀了不少人。

胡惟庸被杀以后，明太祖从根本上改变了元朝以来的中书省、行中书省制度，取消了中书省。而且立了个法令，规定以后子子孙孙都不设宰相这个官。谁来办事呢？把原来中书省下面的六个部（吏、户、礼、兵、刑、工）的地位提高，来管理全国的事情，直接对他负责。结果他自己代替了过去的宰相，相权和君权合二为一，大大加强了中央集权。在地方上则取消了行中书省，把原来行中书省的职权分开，即民政、司法、军事分别由三个机构管理：布政使司（主管官叫布政使）管民政、财政，按察使司（主管官叫按察使）管司法，都指挥使司（主管官叫都指挥使）管军事。这三司都直接对皇帝负责。这种把一切权力都揽在皇帝个人手中的高度集权的状况，是在明朝以前没有过的。所以，封建专制主义经过一千几百年的发展，到了朱元璋的时候，形成了一个历史上从来没有过的高度中央集权制的政治系统。这样的政治制度跟当时的土地形态基本上是相适应的。过去土地很集中，皇帝权力的支柱是大地主。现在土地分散了，朱元璋依靠谁呢？依靠粮长。他收粮时，不是采取各地方官收粮的办法，而是采取粮长制。即某一个地方，谁的土地最多、谁纳粮最多，就让他当粮长。每年收粮万石的地区就派纳粮最多的地主四人当粮长，由粮长负责这个地区的租粮的收运。政治制度的这种改变，适应了土地比较分散的情况，也保证了朱元璋的经济收入。因此，他对粮长很重视，每年都把这些人召到南京去，亲自接见，和他们谈话。如果发现了其中某些有能力的人，就提拔他们。他的政权依靠什么呢？就依靠这些人。他的统治基础就在这里。所以，明朝初年相当长的一个时期内一些官职的任用是来自粮长。除粮长之外，各地还有很多富户和耆民，朱元璋也经常把他们找来，发现有才能的，就任用他们为官。所以，他的政权是以中小地主作为支柱的。政治机构的这种发展变化，是和当时的土地形态、经济关系相适应的。

可是，在这样高度集权的情况下又产生了另一个新问题：皇帝到底是一个人，不是机器，什么事都要自己管，什么报告都得看，国家这么大，事情这么多，他怎么管得了呢？他只有每天看公文，变成文牍主义者。我曾给他做过统计，从洪武十七年（1384）九月十四日到二十一日，八天内他收的文件有一千六百六十六件，计三千三百九十一件事情。他平均每天要看两百份文件，处理四百多件事情。这怎么可能长久下去呢？非变成官僚主义者不可。因此就产生了这样的矛盾：一方面他非看文

件不可，怕别人欺骗他；另一方面，他愈看愈烦，特别是那些空泛的万言书，更使他恼火。有一次，一个官员上了一份万言书，他看了好几千字，还没有看出什么问题，生了气，就把这个官员找来打了一顿屁股。打完之后又叫人继续念这个报告，念到最后五百字才提出一些问题，提出几条建议，而且还不错，他这才知道打错了人。第二天，他向那个官员承认错误，他说："不过你的文章不该写这么长，最多写五百字就够了，为什么要写一万字呢？"所以他就发起了一个反对文牍主义的运动，提出了一个写文章的格式，要求简单，讲什么事就写什么事，不要东扯西拉，从上古说到今天，没完没了。他希望通过这个办法使自己能够处理实际事务。结果还是不行。他一个人怎么能管那么多的事？之后他又另外想了个办法，找了一些有文才，能办事的五六品官到内阁来做机要秘书，帮他做事。为了勉励这些人，就给他们一个称号，叫作"大学士"。上面加上宫殿名称，如武英殿、文渊阁、东阁、文华殿等等。这时，内阁还只是宫殿的名称，不是政治机构的名称。因为这些人是在内廷里办事，所以就叫"殿阁大学士"。后来，明成祖的时候，把这个办法制度化了，国家大事都集中在内阁办。内阁大学士在这里办事愈久，政治权力就愈大，官位就愈高，有的做到六部的尚书。这样，内阁大学士虽然没有过去丞相的名称，但事实上等于宰相。入阁也就是拜相。内阁大学士中的第一名称为首辅，就是第一个辅助皇帝的人。这时，内阁便正式成为政治机构了。

这个改变，在历史上是个很大的改变。皇帝的权力高度集中，提高了六部的地位，以后又设立内阁。明朝一直继承着这个制度。清朝也实行这个制度。所以，在政治制度上清朝是继承了明朝的。

随着经济的发展变化，土地占有形态也发生了变化。明朝前期土地比较分散，经过几十年之后，土地又慢慢集中了。到了明朝中叶，土地集中的情况已经很严重。到了万历年间，土地集中到这样的程度，在张居正的信件里有一份材料，说一个姓郝的地主拥有土地七万顷。明朝建国时的土地不过是八百五十万顷，现在这一家的土地就等于建国时全国土地的百分之一。从明武宗（就是《游龙戏凤》中的那个正德皇帝）之后，皇帝大搞皇庄，左占一块地，右占一块地。北京附近的皇庄就有很多。不但是皇帝搞庄园，就是贵族也搞庄园。嘉靖的时候，封皇子到各地去做亲王，有一个亲王就有两万顷土地。万历封福王到河南洛阳，准备给他四万顷土地。这些土地是从哪里来的呢？都是从老百姓手里夺来的。把原来的自耕农变成了亲王的佃户。土地集中愈来愈严重，农民的生活愈来愈困难。凡是有皇庄的地方，不但皇庄内部的佃农要受管理皇庄的太监的统治，甚至周围的老百姓也要受皇庄管事人员的压迫和各种超经济剥削。你要过桥就要交过桥税，要摆渡就要交摆渡税。京戏《打渔杀家》中有一个萧恩抗鱼税。明末有一个大地主钱谦益，做大官，文章写得很好，却是一个没有骨头的人，后来投降了清朝。他占有几个湖，要湖边的老

百姓向他交税。老百姓气极了，就把他的房子烧了，他的一个收藏了很多古书的"绛云楼"也被烧掉。所以《打渔杀家》这样的事在历史上是有根据的。

土地占有形态的变化，一方面使原来的政治机构不能适应，结果造成明朝政治上停滞的状态。明朝后期有这么两个皇帝：一个是嘉靖皇帝（明世宗），一个是万历皇帝（明神宗）。这两代有共同点：明世宗做了很多年皇帝，但是他经常在宫廷里，不跟大臣们见面。万历皇帝也是如此。闹得有一个时期，六部很多长官辞了职，没人管事，他也不管，使朝廷很多问题不能解决。另一方面，土地高度集中，也促使农民起义以更大的规模开展起来，最后形成以李自成、张献忠为首的全国规模的大起义。

二、明太祖为什么建都南京

明太祖之所以建都南京，主要是因为江苏、浙江、安徽这些地方比过去繁荣，是经济发达的地区，是粮食和棉花的产区。他建立了中央政权以后，有很多官员和军队，这些人吃什么呢？这就不能不依靠东南地区的粮食来养活了。建都别的地方行不行？不行。以往的朝代建都洛阳、开封、西安，但这些地方交通不方便，粮食也供应不了。为了经济上的原因，他决定建都南京。可是这样产生了另外一个问题：军事上的问题怎么解决？元顺帝虽然跑掉了，但是他的军事实力并没有受到严重损失，他还保存着相当多的军队，并且时时刻刻在想办法反攻。因此，加强北边的防御，防止蒙古的反攻是非常必要的。不这样做，他的政权就不能巩固。但是建都在南京，对于在北方进行防御战争就比较困难了。当然，北边有一道万里长城，可是长城也要有人守才能发挥作用。因此，必须在北方驻重兵防守。可是把军队交给谁呢？交给将军行不行？不行，他不放心。如果他把十多万军队交给某个将军，一旦这个将军叛变，他就没有办法了。因此，他采取了分封政策，把自己的儿子封到沿边地区。第四个儿子燕王朱棣封在北京，其余的，宁王封在热河，晋王封在山西，秦王封在陕西，辽王封在辽东，代王封在大同，肃王封在甘肃。这些都叫作塞王。每一个王府都配有军队。亲王除了指挥自己的军队之外，在接到皇帝的命令以后，还可以指挥当地的军队。在有军事行动时，地方军队都要接受当地亲王的指挥。这样，就把每一个边防地区的军队都直接控制在中央的指挥之下了。

明太祖一方面建都南京，这样来解决粮食和衣着问题；另一方面派自己的儿子到沿边地区去镇守，防止蒙古族南下；而且每年派亲信将领到北京来练兵，视察各个地方的军事情况，指挥军队，过一两年回去，然后又派人来，这样来巩固北方的边防。他自己认为这个办法是比较稳妥的。但是在他死后，情况发生了变化。他的大儿子早死了，孙子建文帝继位。当时他的第四个儿子燕王在北京，军事力量很强大，结果就发生了皇室内部的斗争。

建文帝依靠的是一些知识分子，这些人认为亲王的军权太大，中央指挥不动，可能发生叛变，像汉朝时候的"七国之乱"一样。因此他们劝建文帝削藩，削减亲王的权力，把违法乱纪的亲王关起来或者杀掉。这样就引起了各个藩王的恐慌，最后燕王起兵打到南京。南京政权内部发生了变化，有的将军和亲王投降了燕王，建文帝自杀（关于建文帝的问题，我们以后还可以讲讲）。建文帝被推翻以后，燕王在南京做了皇帝，就是明成祖。可是北方的军事指挥权交给谁呢？为了解决这个问题，明成祖决定把都城迁到北京。

我们讲了明太祖建国的问题。围绕这个问题，对当前正在争论的一些问题提出了一些看法。现在就农民起义、农民战争到底能不能建立自己的政权的问题进一步提供一点意见。

农民战争、农民起义到底能不能建立政权呢？答复是肯定的。既然农民战争是要推翻旧的政权，那么它必然要建立一个新的政权。这个政权有大有小，有地区性，名称可以是多种多样的。但是，这个政权是不是农民自己的政权呢？是不是跟封建地主阶级的政权相对立的政权呢？从所有历史上的农民战争来看，不能得出这样的结论。农民战争在建立政权以前，它是要摧毁、冲击或者削弱旧的地主阶级的政权的；但是，等到它自己建立了政权之后，它不可能不根据旧的地主阶级政权的样子来办事，它不可能离开当时为人们所熟悉的、行之多年的一套政治机构。要知道，摧毁旧的国家机器这样的理论，在《共产党宣言》里还没有提到，是在巴黎公社之后才总结出来的。无产阶级革命必须打碎旧的国家机器，建立新的国家机器，是只有在有了科学的共产主义理论，有了巴黎公社的经验之后才能得出的结论。既然是这样，中国历史上的农民战争怎么可能先知先觉，在还没有巴黎公社的经验的情况下，就能摧毁旧的国家政权，建立起农民自己的政权呢？这是不可能的。因此，在农民战争取得胜利之后，它所建立的政权必然变质。这也是一个历史规律，无论对谁都是一样的。汉高祖刘邦还不是变质了？！朱元璋还不是变质了？！明朝末年，李自成打到北京做了皇帝，他还不是变质了？！李自成在进入北京以前，能取得广大农民支持的原因之一，就是过去明朝政府收租很重，人民负担很重，他现在不收租了，叫作"迎闯王，不纳粮"，以不纳粮为号召。可是能不能持久呢？老百姓都不交粮了，他的军队吃什么？他的政权的经济基础、财政基础在哪里？他难道能够靠喝空气过日子？不行，维持不下去。因此，他进北京后没有待多久就失败了。即使当时清军不入关，他的政权也不能延续多长时间，也不能巩固。因为他没有生产资料作基础，没有经济基础。农民种地不纳粮了，对农民来说很好；可是那时候没有大工业，一旦农民不纳粮，不但他的军队没有吃的，连政府的经费也没有来源了。这样，那个政权是不能维持下去的。它要维持下去，也非采取明朝的办法不可，就是向农民收租。

上面讲的是第一个问题。

第二个问题，中国历史上的农民战争有没有皇权主义？有不

少人说俄国的农民有皇权主义，中国的农民没有，好像中国的农民是另外一种农民。中国的农民没有皇权主义，那么他们有什么主义呢？任何一次农民战争，它要建立一个政权不可能不根据现存的政权来办事，它不能离开现实。农民起义的领袖们只能够把当时为他们所熟悉、所理解的政权形式作为自己的政权形式。可是有些人硬要把中国的农民战争区别于其他国家的农民战争。当然，这个国家和那个国家的农民战争是有很多不同之处的。但是，从皇权主义这一点来说，不能不是相同的。理由是它们都不能够离开现实政治。当时的农民除了他们所熟悉的政权形式之外，不可能创造出当时还不可能有的政权形式来。不只是农民战争如此，连旧时代的一些神话、传说也是如此。大家都熟悉的《西游记》，孙悟空大闹天宫，天上的组织形式，玉皇大帝的那一套机构还不是反映了人间的机构。龙宫中龙王老爷的机构同样不能离开当时的现实，都是当时社会现实的反映。

第三个问题，对明太祖这个历史人物的评价问题。明太祖这个人到底是好人还是坏人？是应该肯定还是应该否定？当然应该肯定。因为他做了好事，他结束了长达二十年的战争混乱局面，统一了中国。统一这件事，在历史上是了不起的事情。而明太祖的统一中国，在历史上还有另外一种性质和意义。当时以北京和大同为中心，包括河北、山西及内蒙古一部分的这个地区，从唐末以来叫"燕云十六州"。从唐玄宗天宝末年，具体地说，从公元 755 年起，这个地区发生了"安史之乱"。之后虽然用很大的力量把这个战争结束了，但这个地区还是被分裂了，被少数民族化了。五代十国的时候，这个地区被一个卖国的奴才皇帝石敬瑭割让给了辽。从此，北京就成为辽的"南"京。在辽和北宋对立的时期，北宋从宋太祖起一直到宋神宗，曾经多少次想收复这个地方，几次出动军队，结果都失败了，没有能够统一。北宋末年，金灭掉辽，并继而推翻北宋政权，这样，便出现了金和南宋对峙的局面。后来元朝统一了。这时，不但是燕云十六州被少数民族化，而且是整个国家都在蒙古族的统治之下。明太祖通过二十年的大规模的农民战争，把历史上长期没有解决的问题解决了，即把从755年起，一直到1368年长期在少数民族统治或者影响之下的北方广大地区统一了。过去多少世代没有能够完成的任务，明太祖完成了，这是一个很大的历史功绩。所以，从那个时候起，北京一直是中国的政治中心。在这样的基础上，我们中华人民共和国才有条件建都北京。

其次，朱元璋统一中国之后，采取了许多鼓励生产的措施。因而，三十多年以后，人口慢慢增加了，开垦的土地面积也慢慢扩大了。到他晚年的时候，全国已开垦的土地有八百多万顷，合八亿多亩。今天我们的耕地是多少呢？大概是十六亿亩，也就是说，明太祖时期的耕地相当于我们现在的一半。人口增加了，耕地扩大了，生产发展了，人民生活也比过去好了，这应该说是他做了好事，在历史上起了进步作用。

还有一点，他建立了一个高度的封建中央集权的国家。这样

一种政治制度，明清两代基本上没有什么改变。

因此，我们可以得出这样一个结论：明太祖在历史上是一个有地位的、了不起的人物，是应该肯定的。

反过来说，这个人是不是一切都好呢？不是的，他有很多缺点，做了不少坏事。不要说别的，我们就举这样一条：他定了一些制度，写成一本书叫《皇明祖训》。定制度是可以的，可是有一点，他不许他的后代改变。这个做法就有了问题，时代变了，情况不同了，可是老办法不许改变，用老办法适应新形势。这样，就影响到以后几百年的发展，把后代的手脚都捆住了。蒋介石有一句话，叫作"以不变应万变"。明太祖就是这样，以不变应万变。这是一种唯心主义的办法，很不合理。以后在政治上、经济上往往不能不改变，可是又不敢改变，原因何在？就是被这个东西捆住了。他定了这样的制度：把他的儿子封为亲王，封在那个地方以后，国家给这个亲王多少亩土地，每年给多少石粮食。这个制度定下来以后，过了一百多年，中央政府就不能负担了。像河南省征收来的粮食，全部给明太祖封在河南的子孙都不够，成为当时最大的一个负担。到了明朝末年，朱元璋的子孙有十几万人，这些人一不能做官，二不能种地，三不能搞手工业，四不许做生意，只能坐在家里吃饭，而且要吃好饭。这样，国家就养不起了。当然，他在其他方面的缺点还有很多，我们今天不作全面的评论。

国号大明

吴元年（1367，元顺帝至正二十七年）十二月，朱元璋的北伐大军已经平定山东，南征军已降方国珍，移军取福建，水陆两路都势如破竹。一片捷报声使应天的文武臣僚欢天喜地，估计着自己的强大的军事力量，各族人民渴望统一的拥护和支持；估计着元朝政府的无能、腐败，元朝将军们正在疯狂地进行你死我活的内战，统一全国已经是算得出日子的事情了。为了适应这新的局面，必须建立全国性的统治政权，从过去历史实际得出的结论，王只是局部地区的统治者，全国性的统治者应该称皇帝，因此，吴王应该改称皇帝，王府臣僚自然应该提高一级做新皇朝的将相了。

一切都商量好了，准备好了，中书省左丞相宣国公李善长领头率文武百官奉表请元璋做皇帝，十天后，元璋搬进新盖的宫殿，把要做皇帝的意思，祭告于上帝皇祇说："惟我中国人民之君，自宋运告终，帝命真人于沙漠入中国，为天下主，其君臣父子及孙百有余年，今运亦终。其天下土地人民，豪杰分争。惟帝赐英贤为臣之辅，遂戡定群雄，息民于田野，今地周回二万里广。诸臣下皆曰生民无主，必欲推尊帝号，臣不敢辞，亦不敢不告上帝皇祇。是用明年正月四日于钟山之阳，设坛备仪，昭告帝祇，惟简在帝心：如臣可为生民主，告祭之日，帝祇来临，天朗气清。如臣不可，至日当烈风异景，使臣知之。"（《明太祖实录》卷二四）

　　这篇祭告文把元朝蒙汉地主阶级联合政权的倾覆和自己皇朝的建立，都推到上帝身上。前朝的建立和倾覆是天命，自己做皇帝也是天命。上帝的意旨是不可违背的，秉承上帝意旨做皇帝的权力自然也是不可违背的。他就凭这个上帝命令来统治全国人民，叫人明白违背他就是违背上帝，把神权和世俗政权结合在一起。至于挑的日子，当然是经过研究的。刘基是当时有名的天文学家，一直到今天，民间还流传着有关他的许多怪异传说。但据朱元璋对刘基儿子讲的话："他的天文，别人看不着。他只把秀才的理来断，到强似他那等（天文家）。鄱阳湖里到处厮杀，他都有功。"（刘仲璟《遇恩录》）看来刘基对气象预测是有专长的，根据他那个时代所达到的科学水平，几天以内的气象变化看来是可以掌握的。刘基预测正月初四是天气好的日子，元璋的祭告文里便有充分的信心让上帝来选择他配不配当皇帝，承天命了。

即位的礼仪也决定了。这一天先告祀天地，即皇帝位于南郊，丞相率百官和都民耆老拜贺舞蹈，连呼万岁三声，礼成。具皇帝卤簿仪仗威仪导从，到太庙追尊四代祖父母、父母为皇帝皇后，再祭告社稷。宗教仪式都做完了，于是皇帝服衮冕，在奉天殿受百官朝贺，这样就算成为合法的正统的皇帝了。

这一天的天气当然很好，日朗风和。烈风异景，连一点影子也没有，上帝批准了。

皇帝办公的正殿名为奉天殿，皇帝诏书的开头规定用"奉天承运"四字（《明太祖实录》）。原来元朝皇帝诏书的开头用"长生天气力里，大福荫护助里"，文言译作"上天眷命"，朱元璋以为这口气不够谦卑，改为"奉天承运"，表示他的一切行动都是"奉天"而行的，他的皇朝是承方兴之"运"的，谁敢反抗天命？谁又敢于违逆兴运？

洪武元年（1368）正月初四日，朱元璋定有天下之号曰大明，建元洪武。以应天为京师。

奉天殿受贺后，立妃马氏为皇后，世子标为皇太子。以李善长、徐达为左右丞相，各文武功臣都加官进爵，授予庄田。皇族无论死的活的全都封王。一霎时闹闹攘攘、欢欢喜喜，新朝廷上充满了蓬蓬勃勃的新气象，新京师里平添了几百千家新地主、新贵族，历史上出现了一个统一的新朝代。

皇族和其他文武官僚、地主家族组成新的统治阶级，代表这阶级执行统治的机构是朝廷。这朝廷是为朱家皇朝服务的，为地

主阶级的利益服务的。朱家皇朝的建立者朱元璋，给他的皇朝起的名号是大明。

大明这一朝代称号的决定，事前曾经过长期的考虑。

历史上的朝代称号，都有其特殊的意义。大体上可以分作四类，第一类用初起的地名，如秦、汉；第二类用所封的爵邑，如隋、唐；第三类用当地的物产，如辽（镔铁）、金；第四类用文字的含义，如大真、大元。大明应该属于第四类（赵翼：《廿二史札记》卷二九，《元建国始用文义》；朱国祯：《涌幢小品》卷二）。

大明的意义出于明教。明教本有明王出世的传说，经过五百多年公开和秘密地传播，明王出世成为民间所熟知的预言。韩山童自称明王起事，败死后，他的儿子韩林儿继称小明王。西系红军的别支明昇出称小明主。朱元璋原来是小明王的部将，害死小明王，继之而起，国号大明（孙宜：《明初略》四；祝允明：《野记》卷一）据说是刘基出的主意。

朱元璋部下分红军和儒生两种人，也就是农民和地主两个系统。到建国以后，原来由农民出身的将帅也都成为新地主了。这一朝代称号的采用，使两个系统的人都感觉满意。就出自红军诸将的观点来说，他们大多数起自淮西，受了彭莹玉的教化，其余的不是郭子兴的部曲，就是小明王的故将，或天完和汉的降将，总之，都是明教徒。用大明做新皇朝的称号，第一，表示新政权是继承小明王的，所有明教徒都是一家人，应该团结在一起，共享富贵；第二，告诉人民以明王已经在世，只此一家，其他的全是冒牌，不要相信；第三，使人民安心，老实本分，享受明王治下的和平合理生活。就出自地主的儒生集团的观点来说，他们固然反对明教，和红军处于敌对地位，用尽心机，劝诱朱元璋背叛明教，放弃阶级斗争，暗杀小明王，另建新朝代。可是，对于这一朝代称号，用儒家的看法来理解，明是光明，是火，分开是日月二字，古礼有祀"大明"、朝"日"夕"月"的说法。多年来"大明"和日月都是朝廷的正祀，无论是列做郊祭或特祭，都为历代皇家所重视，儒生所乐于讨论的。而且，新朝是起于南方的，和以前各朝从北方起事平定南方的恰好相反，拿阴阳五行之说来推论，南方为火，为阳，神是祝融，颜色赤；北方是水，属阴，神是玄冥，颜色黑。新朝建都金陵，是祝融的故墟（袁文新《凤阳新书》卷一，《太祖本纪》）。元朝建都北平，起自蒙古大漠。那么，以火制水，以阳消阴，以明克暗，不是恰好相胜？再则，历史上的宫殿名称有大明宫、大明殿，古神话里"朱明"一词又把皇帝的姓和朝代称号联在一起，尤为巧合。因此，儒生这一系统也赞成用这一朝代称号。这两种人出发点不同，结论却取得一致（吴晗：《读史札记·明教与明朝》）。

在元末二十年的波澜壮阔的阶级斗争中，被统治者组织武装力量，所标榜的是"明王出世"和"弥勒降生"的预言。朱元璋是深深明白这类预言、这类秘密组织的鼓动意义的。正因为他是明教徒，正因为他曾崇奉弥勒佛，正因为他是从明教和弥勒教的秘密传播得到机会和成功，成为新兴的统治者，他要把首创的这份产业永远保持下去，传之子孙世代，决不许可别人学他的榜样，危害他的统治。而且，大明已经成为皇朝称号了，更不能容许对这称号有所亵渎。因此，他做皇帝的第一年，就用诏书禁止一切邪教，特别是白莲社、大明教和弥勒教。接着把这禁令写成法律条文，《大明·礼律·禁止师巫邪术》条规定："凡师巫假降邪神，书符咒水，扶鸾祷圣，自号端公、太保、师婆，妄称弥勒佛、白莲社、明尊教、白云宗等会，一应左道乱正之术，或隐藏图像，烧香集众，夜聚晓散，佯修善事，煽惑人民，为首者绞。为从者各杖一百，流三千里。"句解："端公、太保，降神之男子；师婆，降神之妇人。白莲社如昔远公修净土之教，今奉弥勒佛十八龙天持斋念佛者。明尊教谓男子修行斋戒，奉牟尼光佛教法者。白云宗等会盖谓释氏支流派分七十二家，白云持一宗如黄梅、曹溪之类是也。"明尊教即明教，牟尼光佛即摩尼。《昭代王章·条例》："左道惑众之人，或烧香集徒，夜聚晓散，为从者及称为善友，求讨布施，至十人以上，事发，属军卫者俱发边卫充军，属有司者发口外为民。"善友也正是明教教友称号的一种。《招判枢机·定师巫邪术罪款》说："有等捏怪之徒，罔顾明时之法，乃敢立白莲社，自号端公。拭清风刀，人呼太保。尝云能用五雷，能集方神。得先天，知后世。凡所以煽惑人心者千形万状。小则人迷而忘亲忘家，大即心惑而丧心丧志，甚至聚集成党，集党成祸，不测之变，种种立见者，其害不可胜言也。"(《昭代王章》;《明律》——，《礼》一；王世贞、沈士谦：《名卿绩纪》卷三《李善长传》）明确指出封建皇朝对人民秘密结社的恐惧，必须严刑禁止。温州、泉州的大明教，从南宋以来就根深蒂固流传在民间，到明初还"造饰殿堂甚侈，民之无业者咸归之"。深为封建皇朝所忌恨，便借口它名犯国号，教堂被毁，教产被没收，教徒被逐归农（宋濂：《芝园续集》四，《故岐宁卫经历熊府君墓铭》；何乔远：《闽书》七，《方域志》）。宋、元以来的明州，也改名为宁波（吕毖：《明朝小史》卷二）。明教徒在严刑压制之下，只好再改换名称，秘密活动，成为民间的地下组织了。这一系列措施，显示了当时阶级斗争的情况。元末农民起义，是通过秘密宗教的组织活动发动起来的，目的是推翻蒙汉地主统治阶级。现在，明封建皇朝用严刑取缔、压制秘密宗教，目的却是维护、巩固封建皇朝的统治。但是，阶级斗争是不能用封建政权的法令压制下去的，只要封建政权的性质不变，阶级斗争就永远不会停止，"野火烧不尽，春风吹又生"。这是人类社会历史发展的必然规律，是任何人也阻止、抗拒不了的。

弥勒教等秘密宗教在民间传播的情况，特别是江西地区的情况，从朱元璋在洪武十九年告诫人民的话里可以看出来。他说："元政不纲，天将更其运祚，而愚民好作乱者兴焉。初本数人，其余愚者闻此风而思为之，合共谋倡乱。是等之家，吾亲目睹……秦之陈胜、吴广，汉之黄巾，隋之杨玄感、僧向海明，唐之王仙芝，宋之王则等辈，皆系造言倡乱者。致干戈横作，物命损伤者多。比其事成也，天不与倡乱者，殃归首乱，福在殿兴。今江西有等愚民，妻不谏夫，夫不戒前人所失，夫妇愚于家，反

教子孙，一概念诵南无弥勒尊佛，以为六字，又欲造祸，以殃乡里……今后良民凡有六字者即时烧毁，毋存毋奉，永保己安，良民戒之哉！"（明太祖：《大诰三编》，造言好乱第十二）他也讲历史的经验教训，把从陈胜、吴广以来直到元末农民起义，都归结为"作乱""倡乱"，后果是"物命损伤者多"，也就是破坏社会生产力，阻止社会发展、前进，立场是十分坚定的。还特别指出凡是造言首事的都没有好下场。"殃归首乱"，他自己呢，是后起的跟从的，是叛变了农民革命的，成了事业，所以"福在殿兴"。他苦口劝人民脱离弥勒教，不奉六字。他劝人民不要首事造祸，翻来覆去地说。但是，他所说的"愚民"，还是好作乱，还是"闻此风而思为之"。从洪武初年（1368）到永乐七年（1409），小明王在西北的徒党仍然很活跃，王金刚奴自称四天王，其党田九成自称后明皇帝，年号仍用龙凤。何妙顺号天王，高福兴自称弥勒佛。帝号和年号都直接继承小明王，根本不承认朱元璋的统治，前后攻破屯寨，杀死官军。直到洪武三十年（1397）九月，才被镇压下去；单是"胁从"被宥为军的就有四千多人，规模之大是可想而知的（《明成祖实录》卷九〇；沈德符：《万历野获编》卷二九，《再僭龙凤年号》）。此外，龙凤十一年（1365）八月，罗平县蓝丑儿诈称彭莹玉，"造妖言以惑众"，铸印章，设官吏。洪武三年（1370）九月，青州民孙古朴等自号黄巾贼，袭击莒州，杀同知牟鲁。六年（1373）正月，蕲州王玉二聚众烧香起事。四月，罗田县王佛儿自称弥勒佛降生，传写佛号。十一年（1378）正月，五开洞"蛮"吴面儿以"邪法惑人"起事，直到十八年（1385）七月才被汤和以计诱捕，俘获四万余人。十二年（1379）四月，成都嘉定州眉县彭普贵也以"妖言惑众"起兵。闰五月，陈友谅余部王玉儿起事。十四年（1381）八月，四川广安州山民有自称弥勒佛者，"集众惑人"。十九年（1386）五月，福建将乐县阳门庵僧彭玉琳初名全无，用行脚至新淦，自号弥勒佛祖，烧香聚众，作白莲会，自称晋王，置官属，建元天定。二十一年（1388）五月，袁州府萍乡县民有自称弥勒佛"惑民者"。七月，宁都卫擒获大笑山"妖贼"伪招讨周三官等三十一人械送京师。二十四年（1391）三月，袁州分宜县民以"左道惑众"。九月，宁波府有僧称白莲宗，会合男女，聚众烧香（均见《明太祖实录》）。起义地点包括陕西、山东、四川、江西、福建、浙江、湖广等省，都是过去弥勒教、明教、白莲社长期活动过的地方。特别是西系红军的根据地蕲州、罗田，不但在洪武朝，直到永乐时，还在发生反抗斗争。如永乐四年（1406）蕲州广济县"妖僧"守座聚男女立白莲社，毁形断指，假神煽惑被杀。七年在湘潭，十六年在保定，都有弥勒教徒起事失败的记录。湘潭的起事头目是从江西来的。保定的头目演说"应劫""五公"诸经，发展到真定、容城、山西洪洞等县人民皆受戒约（《明成祖实录》卷五六、九六、二〇〇）。以后直到明亡，这些秘密宗教仍然不断在各地传播和暴动。

只要封建地主阶级仍然在统治，通过秘密宗教组织起来的农民暴动就永远不会停止，封建朝廷的法令和暴力镇压是无能为力的。

建都和北边防御

朱元璋在称帝建国之后，摆在面前的问题是：第一，怎样建立一个有效能的政治中心地区，即首都建在何处？第二，用什么方法来维持朱家皇朝子子孙孙的统治？

远在初渡江攻克太平时，陶安便建议先取金陵，据形势以临四方（《明史》卷一三六，《陶安传》）。冯国用劝定都金陵，以为根本（《明史》卷一二九，《冯胜传》；孙承泽：《春明梦余录》卷一）。叶兑上书请定都金陵，然后拓地江广，进则越两淮以北征，退则画长江以自守（《明史》卷一三五，《叶兑传》）。谋臣策士一致主张定都应天。经过长期考虑之后，龙凤十二年（1366）六月，扩大应天旧城，建筑新宫于钟山之南，到次年九月完工，这是吴王时代的都城。

洪武元年（1368）朱元璋称帝，北伐南征，到洪武二十年

（1387）辽东全定，南北统一。在这二十年中，朱元璋的地位由王而帝，所统治的版图由南方一部分地区扩大为全国，吴王时代的都城如何适应这扩大以后的局面，便成为问题了。因为元顺帝及其子孙虽然北走沙漠，却仍然称为北元，保有政府机构和强大的军事力量，时时有南下复辟，卷土重来的企图；同时沿海一带倭寇侵扰，也是国防上的重大问题。国都的确定和国防计划的安排是密切相关的，是当时朝野所最关心的两件大事。

自然环境是这样，从辽东半岛直到广州，沿海漫长的海岸线，处处时时都有被倭寇侵掠的危险。东北、北面和西北面，长城以外便是北元的势力，如不在险要处屯驻重兵，一旦北元铁骑奔驰南下，黄河以北就很不容易守住。防边要用重兵，如把边境军权付托给异姓诸将，邵荣、谢再兴的教训已经够深刻了，而且，即使不出什么问题，边将拥兵过多，尾大不掉，也很可能重蹈历史上藩镇跋扈的覆辙；如以重兵直隶朝廷，则国都必须设在国防前线，才便于统辖指挥，应天距离北边前线太远，是指挥不了的。东南地区是全国的经济中心，粮饷所出，北方为了边防安全，又必须建立为军事中心。国都如建设在东南，和经济中心结合，则北边空虚，无力阻止北元的南侵；如建立在北边，和军事中心合一，则粮食仍须依靠东南供应，运输费用太大，极不经济。

皇朝都城问题之外，还有皇朝制度问题，是郡县制呢？还是封建制呢？就历史上的经验教训说，秦、汉、唐、宋之亡，没有强大的亲藩支持屏卫，是原因之一。可是周代封建子弟，又闹得

枝强干弱，天王威令不行。这两种制度的折中方案是西汉前期的郡国制，一面立郡县，设官分治，集大权于皇朝；一面又建藩国，封建子弟，付以精兵，使为皇家捍御。把皇朝建都和制度问题一起解决，设国都于东南财赋之区，封子弟于北边边防据点，这样，在经济上，在军事上，在皇家统治权永久维持上的问题，都可以圆满地解决了。

明初定都于应天的重要理由是从经济上出发的：第一，因为江浙富庶，不但有长江三角洲大谷仓，而且还是纺织工业、盐业的中心，应天是这些物资的集散地，所谓"财赋出于东南，而金陵为其会"（丘濬：《大学衍义补·都邑之建》）。第二，吴王时代所奠定的宫阙，也不愿轻易放弃，而且如另建都城，则又得再加一番劳费。第三，朱元璋的左右文武重臣都是江淮子弟，也不愿意远离乡土。第一个理由是主要的，后两个是次要的。虽然如此，朝廷上下又觉得不是十分妥当，因为从照应北方军事的观点来说，这个都城的地理位置偏在东南，显然是不合适的。洪武元年（1368）取下汴梁以后，朱元璋曾亲自去视察，认为这地方虽然地位适中，但是在军事上却无险可守，四面受敌，论形势还不如应天（《国初事迹》）。只是为了西北未定，要运送粮饷和补充军力，不能不设置一个军事上的补给基地，于是模仿古代两京之制，八月以应天为南京，开封（汴梁）为北京。次年八月，陕西平定，北方全入版图，形势改变了，国都重建问题又再次提出。廷臣中有人主张关中险固，金城天府之国；有人建议洛阳为全国中心，四方朝贡距离相等；也有人提出开封是宋朝旧都，漕运方便；又有人以为北平（元大都）宫室完备，建都可省营造费用。各种各样的意见都引史论今，提出讨论。朱元璋批评这些建议都有片面的理由，但都不全面，都不能够适应当前局势。长安、洛阳、开封过去周、秦、汉、魏、唐、宋都曾经建过都，但从今天的情况说，打了几十年仗，人民还未休息过来，如在这些地方新建都城，供给力役都出于江南，百姓负担不了。即使是北平吧，虽然有元朝的旧宫室，总得有些改变，还是费事。还不如仍旧在南京，据形势之地，长江天堑，龙蟠虎踞，可以立国。次之，临濠（濠州）前长江，后淮水，地势险要。运输方便，也是一个可以建都的地方（黄光昇：《昭代典则》）。就决定以临濠为中都，动工修造城池宫殿，从洪武二年（1369）九月起手，到八年（1375）九月，修建工程还在进行。刘基坚决反对，以为临濠虽然是皇帝乡里，但就种种条件说，都不适宜于建都，方才停工（《明史》，《太祖本纪》二，卷一二八《刘基传》）。洪武十一年（1378）下诏改南京为京师，踌躇了十年的建都问题，到这时才下了决心（《明史》，《地理志》一）。

决心虽然下了，但是为了防御北元，控扼北方边防，朱元璋还是有迁都西北的打算，选定的地点仍是长安和洛阳。洪武二十四年（1391）八月，特派皇太子巡视西北，比较两地的形势。太子回来后，献陕西地图，提出意见。不料第二年太子病死，迁都大事只好搁下不谈了（《明史》卷一一五《兴宗孝康皇帝传》、卷一四七《胡广传》；姜清：《姜氏秘史》卷一；郑晓：《今言》二七四）。

京师新宫原来是燕尾湖，填湖建宫，地势南面高，北面低，就堪舆家的说法是不合格的。太子死后，老皇帝很伤心，百无聊

赖中把太子之死归咎于新宫风水不好，这年年底亲撰《祭光禄寺灶神文》说：

朕经营天下数十年，事事按古有绪。唯宫城前昂后洼，形势不称。本欲迁都。今朕年老，精力已倦。又天下新定，不欲劳民。且废兴有数，只得听天。惟愿鉴朕此心，福其子孙（顾炎武：《天下郡国利病书》卷一三，江南一）。

六十五岁的白发衰翁，既迷信，又失去勇气，只好求上天保佑，从此不再提迁都的话了。

分封诸王的制度，决定于洪武二年（1369）四月初编《皇明祖训》的时候，三年（1370）四月封第二子到第十子为亲王。但是，诸王的就藩，却在洪武十一年（1378）决定以南京为京师之后（《明史》，《太祖本纪》二）。从封王到诸王就藩前后相隔九年，原因是诸子有的没有成年，和国都未定，牵连到立国制度也不能决定。到京师决定后，第二子秦王建国于西安，第三子晋王建国于太原。十三年（1380）第四子燕王建国于北平。出镇在沿长城一线的边防重镇。十四年（1381）第五子周王建国于开封，第六子楚王建国于武昌。十五年（1382）第七子齐王建国于青州，十八年（1385）潭王到长沙，鲁王到兖州。以后其他幼王先后成年就国，星罗棋布，分驻在全国各军事要地，镇压人民的反抗。

就军事形势而论，诸王国的建立分作第一线和第二线，或者说是前方和后方。第一线诸王的任务是防止北元入侵，凭借天然险要，建立军事重点，有塞王之称。诸塞王沿长城线立国，又可分作外内二线：外线东渡榆关，跨辽东，南接朝鲜。北联开原，控扼东北诸部族，以广宁为中心，建辽国；经渔阳（今河北蓟县）、卢龙，出喜峰口，切断北元南侵道路，以大宁为中心，包括今朝阳、赤峰一带，建宁国；北平地势险要，建燕国；出居庸，蔽雁门，以谷王驻宣府（今河北宣化），代王驻大同；逾河而西，北保宁夏，倚贺兰山，以庆王守宁夏；又西向控扼河西走廊，扃嘉峪，护西域诸国，建肃国。东从开原，西到瓜、沙，联成一气。内线是太原的晋国和西安的秦国。后方诸王是对内的，开封有周王，武昌有楚王，青州有齐王，长沙有潭王，兖州有鲁王，成都有蜀王，荆州有湘王，桂林有靖江王等国（何乔远：《名山藏》，《分藩记》一）。

诸王在其封地建立王府，设置官属。亲王的冕服车旗仅下皇帝一等，公侯大臣见亲王都要俯首拜谒，不得钧礼。地位虽然极高极贵，却没有土地，也不能统治人民，不能干预民政。王府之外，便归朝廷所任命的各级官吏治理。另一方面，诸王却有统兵和指挥军事之权，每王府设亲王护卫指挥使司，有三护卫，护卫甲士少者三千人，多的到一万九千人（《明史》，《兵志》二，《卫所》；《诸王传序》）。塞王的兵力尤其雄厚，如宁王所部带甲八万，革车六千，所属朵颜三卫蒙古骑兵，骁勇善战（《明史》卷一一七，《宁王传》）。秦、晋、燕三王的护卫经朝廷特别补充，兵力也最强（《明史·太祖本纪》："洪武十年正月辛卯，以羽林等卫军益秦、晋、燕三府护卫。"）。《皇明祖训》规定："凡王国有守镇兵，有护卫兵。其守镇兵有常选指挥掌之。其护卫兵从王调遣。如本国是险要之地，遇有警急，其守镇兵护卫兵并从王调遣。"而且守镇兵的调发，除皇帝的御宝文书以外，并须得亲王令旨，方得发兵。《祖训》规定："凡朝廷调兵，须有御宝文书与王，并有御宝文书与守镇官。守镇官既得御宝文书，又得王令旨，方许发兵。无王令旨，不得发兵。"(《皇明祖训》十一，《兵卫》）这一项规定使亲王成为地方守军的监视人，是皇帝在地方的军权代表。平时以护卫军监视地方守军，单独可以应变；战时指挥两军，独当一面，朱元璋把军权付托给亲生儿子，这样就可以放心了。诸塞王每年秋天勒兵巡边，远到塞外，练兵习武，叫作"肃清沙漠"(《明史》，《兵志》三，《边防》；祝允明：《九朝野记》一）。凡塞王都参与军务，内中晋、燕二王屡次受命将兵出塞，和筑城、屯田，大将如宋国公冯胜、颍国公傅友德都受其节制，军中小事专决，大事才报告朝廷，二王军权独重，立功也最多 (《明史》卷一一六，《晋王橚传》；《太祖本纪》三："洪武二十六年三月，诏二王军务大者始以闻。"）。

以亲王守边，专决军务。内地各大都会，也都以亲王出镇，每一个王国都是军事中心，这样，国都虽然远在东南，也不会有什么问题了。朱元璋以为这样安排，十分妥帖。但是他没有想到，给儿子以过重的军权，会造成皇家的内部矛盾。他死后不久，建文帝就怕诸王过于强大，削夺藩王权力，燕王就起兵反对建文帝，发生内战，最后燕王做了皇帝，迁都北平。把朱元璋的建都和边防两桩计划，打得稀烂。

第二章

明暗纷争：博弈中寻求生存和发展

—— ···◆··· ——

　　我们对清朝的历史必须要有足够的估价，对康熙、乾隆巩固国家的统一、发展国家的统一也要有足够的估价。应该给它以应有的尊重。不但对历史应该给予应有的尊重，今天在民族关系上也应该注意这点。

明初的恐怖政治

洪武二十八年（1395）正式颁布《皇明祖训》。这一年，朱元璋已经是六十八岁的衰翁了。

在这一年之前，桀骜不驯的元功宿将被杀光了，主意多端的文臣被杀绝了，不顺眼的地主巨室被杀得差不多了，连光会掉书袋子搬弄文字的文人也被大杀特杀，杀得无人敢说话，甚至都不敢出一口大气了。杀，杀，杀！杀了一辈子，两手都涂满了鲜血的白头刽子手，踌躇满志，以为从此可以高枕无忧，皇基永固，子子孙孙吃碗现成饭，不必再操心了。这年五月，朱元璋特别下一道手令说："朕自起兵至今四十余年，亲理天下庶务，人情善恶真伪，无不涉历，其中奸顽刁诈之徒，情犯深重，灼然无疑者，特令法外加刑，意在使人知所警惧，不敢轻易犯法。然此特权时措置，顿挫奸顽，非守成之君所用长法。以后嗣君统理天

下，止守《律》与《大诰》，并不许用黥刺、剕劓、阉割刑，臣下敢有奏用此刑者，文武群臣即时劾奏，处以重刑。"(《明太祖实录》卷二三九)

其实明初的酷刑，黥刺、剕劓、阉割还算是平常的，最惨的是凌迟，凡是凌迟处死的罪人，照例要杀三千三百五十七刀，每十刀一歇一吆喝，慢慢地折磨，硬要被杀的人受长时间的痛苦(邓之诚:《骨董续记》卷二〇,《磔条》,引《张文宁年谱》;计六奇:《明季北略》,记郑鄤事)。其次有刷洗，把犯人光身子放在铁床上，浇开水，用铁刷刷去皮肉。有枭令，用铁钩钩住脊骨，横挂在竿上。有秤竿，将犯人缚在竿上，另一头挂石头以平衡。有抽肠，也是挂在竿上，用铁钩伸入谷门把肠子钩出。有剥皮，贪官污吏的皮放在衙门公座上，让新官看了发抖。此外，还有挑膝盖、锡蛇游种种名目(吕毖《明朝小史》卷一《国初重刑》)。也有同一罪犯，加以墨面文身，挑筋去膝盖剁指，并且五刑的(《大诰》,奸吏建言第三三,刑余攒典盗粮第六九;《续诰》,相验囚尸不实第四二;《三编》,逃囚第一六)。据说在上朝时，老皇帝的脾气好坏很容易看出来，要是这一天他的玉带高高地贴在胸前，大概脾气好，杀人不会多；要是撳玉带到肚皮底下，便是暴风雨来了，满朝廷的官员都吓得面无人色，个个发抖，准有大批人应这劫数(徐祯卿《翦胜野闻》)。这些朝官，照规矩每天得上朝，天不亮起身梳洗穿戴，在出门以前，和妻子诀别，吩咐后事，要是居然活着回家，便大小互相庆贺，算是又多活一天了(赵翼:《廿二史札记》卷三二,《明祖晚年去严刑条》,引《草木子》)。

四十年中，据朱元璋自己的著作《大诰》《大诰续编》《大诰三编》和《大诰武臣》的统计，所列凌迟枭示种诛有几千案，弃市（杀头）以下有一万多案。《大诰三编》所定算是最宽容的了。"进士监生三百六十四人，愈见奸贪，终不从命三犯四犯而至杀身者三人，三犯而诽谤杀身者又三人，奸容戴斩、绞、徙流罪在职者三十人，一犯戴死罪徙流罪办事者三百二十八人。"（《明史》卷九四《刑法志》;《大诰三编》二，进士监生戴罪办事）有御史戴死罪，戴着脚镣，坐堂审案的；有挨了八十棍回衙门做官的。其中最大的案件有胡惟庸案、蓝玉案、空印案和郭桓案，前两案株连被杀的有四万人，后两案合计有七八万人（《明史》卷九四《刑法志》）。所杀的人，从开国元勋到列儒裨将，从部院大臣、诸司官吏到州县胥役、进士监生、经生儒士、富人地主、僧道屠沽，以至亲侄儿、亲外甥，无人不杀，无人不可杀，一个个地杀，一家家地杀，有罪的杀，无罪的也杀，"大戮官民不分臧否"（《明史》卷一三九《周敬心传》："洪武二十五年（1392）上疏极谏：'洪武四年（1371）录天下官吏，十三年（1380）连坐胡党，十九年（1386）逮官吏积年为民害者，二十三年（1390）罪妄言者，大戮官民，不分臧否。'"）。早在洪武七年（1374），便有人向他控诉，说是杀得太多了，"才能之士，数年来幸存者，百无一二"（《明史》卷一三九《茹太素传》）。到洪武九年（1376），单是官吏犯笞以上罪，谪戍到凤阳屯田的便有一万多人（《明史》卷一三九《韩宜可传》）。十八年（1385）九月，朱元璋在给萧安石子孙符上也自己承认："朕自即位以来，法古命官，列布华夷，岂期擢用之时，并效忠贞，任用既久，具系奸贪？朕

乃明以宪章，而刑责有不可恕。以至内外官僚，守职维艰，善能终是者寡，身家诛戮者多。"（《明朝小史》卷二）郭桓案发后，他又说："其贪婪之徒，闻桓之奸，如水之趋下，半年间弊若蜂起，杀身亡家者人不计其数。出五刑以治之，挑筋剁指足髡发文身，罪之甚者欤？"（《大诰三篇》逃回第一六）

政权的维持建立在流血屠杀、酷刑暴行的基础上，这个时代，这种政治，确确实实是名副其实的恐怖政治。

胡惟庸案发于洪武十三年（1380），蓝玉案发于洪武二十六年（1393），前后相隔十四年，主犯虽然是两个，其实是一个案子。

胡惟庸是初起兵占领和州时的帅府旧僚，和李善长同乡，又结了亲，因李善长的举荐，逐渐发达，洪武三年（1370）拜中书省参知政事，六年（1373）七月拜右丞相。

中书省综掌全国大政，丞相对一切庶务都有专决的权力，统率百官，只对皇帝负责。这制度对一个平庸的、唯唯诺诺的、阿附取容"三旨相公"型的人物，或者对手是一个只顾嬉游逸乐、不理国事的皇帝，也许不会引起严重的冲突。或者一个性情谦和容忍，一个刚决果断，柔刚互济倒也不致坏事。但是胡惟庸干练有为，有魄力，有野心，在中书省年代久了，大权在手，威福随心，兼之十年宰相，门下故旧僚友也隐隐结成一个庞大的力量，这个力量是以胡惟庸为核心的。拿惯了权的人，怎么也不肯放下。朱元璋呢，赤手空拳建立的基业，苦战了几十年，拼上命得到的大权，平白被人分去了一大半，真是倒持太阿，授人以柄，想想又怎么能甘心！困难的是皇帝和丞相的职权，从来不曾有过清楚的界限，理论上丞相是辅佐皇帝治理天下的，相权是皇权的代表，两者是合二而一的，不应该有冲突。事实上假如一切庶政都由丞相处分，皇帝没事做，只能签字画可，高拱无为。反之，如皇帝躬亲庶务，大小事情一概过问，那么，这个宰相除了伴食画诺以外，又有什么可做的？这两个人性格相同，都刚愎，都固执，都喜欢独裁，好揽权，谁都不肯相让。许多年的争执、摩擦，相权和皇权相对立。最后，冲突表面化了。朱元璋有军队，有特务，失败的当然是文官。在胡惟庸以前，第一任丞相李善长小心怕事，徐达经常统兵在外，和朱元璋的冲突还不太明显严重。（刘基自己知道性子太刚，一定合作不了，坚决不干。）接着是汪广洋，碰了几次大钉子，末了还是被赐死。中书官有权的如杨宪，也是被杀的。胡惟庸是任期最长、冲突最厉害的一个。胡惟庸被杀后，朱元璋索性取消中书省，由皇帝兼行相权，皇权和相权合而为一。洪武二十八年（1395）朱元璋手令："自古三公论道，六卿分职，自秦始置丞相，不旋踵而亡，汉、唐、宋因之，虽有贤相，然其间所用者多有小人，专权乱政。我朝罢相，设五府、六部、都察院、通政司、大理寺等衙门，分理天下庶务，彼此颉颃，不敢相压，事皆朝廷总之，所以稳当。以后嗣君并不许立丞相，臣下敢有奏请设立者，文武群臣即时劾奏，处以重刑。"（《明太祖实录》卷二三九）这里所说的"事皆朝廷总之"的朝廷，指的便是他自己。胡惟庸被杀在政治制度史上的意义，是治权的变质，也就是从官僚和皇家共治的阶段，转变为官僚成奴才，皇帝独裁的阶段。

胡惟庸之死只是这件大屠杀案的一个引子，公布的罪状是擅权枉法。以后朱元璋要杀不顺眼的文武臣僚，便拿胡案做底子，随时加进新罪状，把它放大、发展，一放为私通日本，再放为私通蒙古。日本和蒙古，"南倭北虏"是当时的两大敌人，通敌当然是谋反。三放又发展为串通李善长谋逆，最后成为蓝玉谋逆案。罪状愈多，牵连的罪人也更多，由甲连到乙，乙攀到丙，转弯抹角像瓜蔓一样四处伸出去，一网打尽，名为株连。被杀的都以家族为单位，杀一人也就是杀一家。坐胡案死的著名人物有御史大夫陈宁、中丞涂节、太师韩国公李善长、延安侯唐胜宗、吉安侯陆仲亨、平凉侯费聚、南雄侯赵庸、荥阳侯郑遇春、宜春侯黄彬、河南侯陆聚、宣德侯金朝兴、靖宁侯叶升、申国公邓镇、济宁侯顾敬、临江侯陈镛、营阳侯杨璟、淮安侯华中和高级军官毛骧、季伯畏、丁玉和宋濂的孙子宋慎。宋濂也被牵连，贬死茂州。坐蓝党死的除大将凉国公蓝玉以外，有吏部尚书詹徽、侍郎傅友文、开国公常升、景川侯曹震、鹤庆侯张翼、舳舻侯朱寿、东莞伯何荣、普定侯陈桓、宣宁侯曹泰、会宁侯张温、怀远侯曹兴、西凉侯濮兴、东平侯韩勋、全宁侯孙恪、沈阳侯察罕、徽先伯桑敬和都督黄辂、汤泉等。胡案有《昭示奸党录》，蓝案有《逆臣录》，把口供和判案都详细记录公布，让全国人都知道这些"奸党"的"罪状"（参看钱谦益《太祖实录辨证》，潘柽章《辨史考异》，《燕京学报》一九三四年六月十五期吴晗《胡惟庸党案考》）。被杀公侯中，东莞伯何荣是何真的儿子，何真死于洪武二十一年（1388），被帐下旧校捏告生前党胡惟庸，勒索两千两银子，何家子弟到御前分析，朱元璋大怒说："我的法，这厮把作买卖！"把旧校绑来处死。到二十三年（1390）何荣弟崇祖回广东时，兄把袂连声"弟弟，今居官祸福顷刻，汝归难料再会日。到家达知伯叔兄弟，勿犯违法事，保护祖宗，是所愿望"。

可是，逃过了胡党，还是逃不过蓝党。何家是岭南大族，何真在元明之际保障过一方秩序，威望极高，如何放得过？据何崇祖自述：

> 洪武二十六年（1393），族诛凉国公蓝玉，扳指公侯文武家，名蓝党，无有分别。自京及天下，赤族不知几万户。长兄四兄宏维暨老幼咸丧。三月二十日夜鸡鸣时，家人彭康寿叩门，吾床中闻知祸事，出问故，云："昨晚申时，内官数员滞官军到衙，城门皆闭。是晚有公差出城，私言今夜抄提员头山何族，因此奔回。"……军来甚众，吾忙呼妻封氏，各自逃生。

崇祖一房从此山居岛宿，潜形匿迹，一直到洪武三十一年（1398）新帝登极大赦，才敢回家安居 [何崇祖《庐江郡何氏家记》（《玄览堂丛书续集》本）]。

李善长死时已经七十七岁了，作为帅府元僚，开国首相，替主子办了三十九年事，儿子做驸马，自身被封国公，富极贵极，到末了却落得全家诛戮。一年后，有人替他上疏喊冤说：

> 善长与陛下同心，出万死以取天下，勋臣第一，生封公，死

封王，男尚公主，亲戚拜官，人臣之分极矣。藉令欲自图不轨，尚未可知。而今谓其欲佐胡惟庸者，则大谬不然。人情爱其子，必甚于兄弟之子（善长弟存义子佑是胡惟庸的从女婿），安享万全之富贵者，必不侥幸万一之富贵。善长与惟庸，犹子之亲耳，于陛下则亲子女也。使善长佐惟庸成，不过勋臣第一而已矣，太师国公封王而已矣，尚主纳妃而已矣，宁复有加于今日？且善长岂不知天下之不可幸取？当元之季，欲为此者何限，莫不身为齑粉，覆宗绝祀，能保首领者几何人哉！善长胡乃身见之，而以衰倦之年身蹈之也？凡为此者，必有深仇激变，大不得已，父子之间，或至相挟以求脱祸。今善长之子祺，备陛下骨肉亲，无纤芥嫌，何苦而忽为此？若谓天象告变，大臣当灾，杀之以应天象，则尤不可。臣恐天下闻之，谓功如善长且如此，四方因之解体也。今善长已死！言之无益，所愿陛下作戒将来耳。

说得句句有理，字字有理，朱元璋无话可驳，也就算了（《明史》卷一二七《李善长传》）。

二案以外，开国功臣被杀的，还有谋杀小明王的凶手德庆侯廖永忠，洪武八年（1375）以僭用龙凤不法等事被赐死。永嘉侯朱亮祖父子于洪武十三年（1380）被鞭死。临川侯胡美于洪武十七年（1384）犯禁伏诛。江夏侯周德兴于洪武二十五年（1392）以帷薄不修、暧昧的罪状被杀。洪武二十七年（1394），杀定远侯王弼、永平侯谢成、颖国公傅友德，洪武二十八年（1395）杀宋国公冯胜。周德兴是朱元璋儿时放牛的伙伴，傅友德、冯胜功最高，突然被杀，根本不说有什么罪过，正合着古人说的"飞鸟尽，良弓藏；狡兔死，走狗烹"的话（王世贞《史乘考误》，钱谦益《太祖实录辩证》，潘柽章《国史考异》）。

不但列将以次诛夷，甚至替他坚守南昌七十五日，力拒陈友谅，取得鄱阳湖大捷，奠定王业的功臣，义子亲侄朱文正也以"亲近儒生，胸怀怨望"被鞭死（刘辰《国初事迹》，孙宜《洞庭集》大明初略三，王世贞《史乘考误》卷一）。义子亲甥李文忠，十几岁便在军中南征北伐，立下大功，也因为左右多儒生，礼贤下士，有政治野心被毒死（王世贞《史乘考误》卷一，钱谦益《太祖实录辩证》卷五，潘柽章《国史考异》卷二）。刘基是幕府智囊，运筹决策，不只有定天下的大功，而且是奠定帝国规模的主要人物，因为主意多，看得准，看得远，被猜忌最深，洪武元年（1368）便被休致回家（刘辰《国初事迹》），又怕隔得太远会出事，硬被拉回南京，终于被毒死（《明史》卷三〇八《胡惟庸传》、卷一二八《刘基传》，《刘璟遇恩录》）。徐达为开国功臣第一，小心谨慎，也逃不过。洪武十八年（1385）徐达病了，生背疽，据说这病最忌吃蒸鹅，病重时皇帝却特赐蒸鹅，没办法，徐达流着眼泪当着使臣的面吃，不多日就死了（徐祯卿《翦胜野闻》）。这两个元勋的特别被注意，被防闲，满朝文武全知道，给事中陈汶辉曾经上疏公开指出："今勋旧耆德，咸思辞禄去位，如刘基、徐达之见猜，李善长、周德兴之被谤，视萧何、韩信其危疑相去几何哉！"（《明史》卷一三八《李仕鲁传》附《陈汶辉传》）

武臣之外，文官被杀的也着实不少。有记载可考的有宋思

颜、夏煜、高见贤、凌说、孔克仁，这几人都是初起事时的幕府
僚属，宋思颜在幕府里的地位仅次于李善长。夏煜是诗人，和高
见贤、杨宪、凌说一伙，专替朱元璋"伺察挢攀"，行鹰犬之事，
告密栽赃，什么事都干，到末了也被人告密，先后送了命（《明史》
卷一三五《宋思颜传》）。朝官中有礼部侍郎朱同、张衡，户部尚书
赵勉，吏部尚书余熂，工部尚书薛祥、秦逵，刑部尚书李质、开
济，户部尚书茹太素，春官王本，祭酒许存仁，左都御史杨靖，
大理寺卿李仕鲁，少卿陈汶辉，御史王朴、纪善、白信蹈等（《明
史》卷一三六《朱升传》，卷一三七《刘三吾传》《宋纳传》《安然传》，卷
一三八《陈修传》《周祯传》《杨靖传》《薛祥传》，卷一三九《茹太素传》
《李仕鲁传》《周敬心传》）。外官有苏州知府魏观，济宁知府方克
勤，番禺知县道同，训导叶伯巨，晋王府左相陶凯等（《明史》卷
一四〇《魏观传》，卷二八一《方克勤传》，卷一四〇《道同传》，卷一三九
《叶伯巨传》，卷一三六《陶凯传》）。茹太素是个刚性人，爱说老实话，
几次因为话不投机被廷杖、降官，甚至镣足治事。一天，在便殿
赐宴，朱元璋赐诗，说："金杯同汝饮，不刃不相饶。"太素磕了
头，续韵吟道："丹诚图报国，不避圣心焦！"元璋听了倒也很
感动。不多时茹太素还是被杀。李仕鲁是朱熹学派的学者，劝皇
帝不要太尊崇和尚道士，想学韩文公辟佛，来发扬朱学。料想着
朱熹和皇帝是本家，这着棋准下得不错。不料皇帝竟不买朱夫子
的账，全不理会，仕鲁急了，闹起迂脾气，当面交还朝笏，要告
休回家。元璋大怒，叫武士把他掼死在阶下。陶凯是御用文人，
一时诏令封册歌颂碑志多出其手，做过礼部尚书，制定军礼和科

举制度，只因起了一个别号叫"耐久道人"，犯了忌讳被杀。员外郎张来硕谏只取已许配的少女做宫人，说"于理未当"，被碎肉而死，参议李饮冰被割乳而死（刘辰《国初事迹》）。叶伯巨在洪武九年（1376）以星变上书，论用刑太苛说：

臣观历代开国之君，未有不以仁德结民心，以任刑失民心者，国祚长短，悉由于此……议者曰，宋、元中叶，专事姑息，赏罚无章，以致亡灭。君上痛惩其弊，故制不宥之刑，权神变之法，使人知惧而莫测其端也。臣又以为不然。开基之主，垂范百世，一动一静，必使子孙有所持守，况刑者，国之司命，可不慎欤！夫笞、杖、徒、流、死，令之五刑也。用此五刑，既无假贷，一出乎大公至正可也。而用刑之际，多裁自圣衷，遂使治狱之吏，务趋求意旨，深刻者多功，平反者得罪，欲求治狱之平，岂易得哉！近者特旨，杂犯死罪，免死充军，又删定旧律诸则，减宥有差矣。然未闻有戒饬治狱者，务从平恕之条，是以法司犹循故例，虽闻宽宥之名，未见宽宥之实。所谓实者，诚在主上，不在臣下也。故必有罪疑惟轻之意，而后好生之德洽于民心，此非可以浅浅期也。何以明其然也？古之为士者以登仕为荣，以罢职为辱，今之为士者以溷迹无闻为福，以受玷不录为幸，以屯田工役为必获之罪，以鞭笞捶楚为寻常之辱。其始也，朝廷取天下之士，网罗揾摭，务无余逸，有司敦迫上道。如捕重囚，比到京师，而除官多以貌选，所学或非其所用，所用或非其所学。洎乎居官，一有差跌，苟免诛戮，则必在屯田工役之科，率是为常，

不少顾惜。此岂陛下所乐为哉！诚欲人之惧而不敢犯也。窃见数年以来，诛杀亦可谓不少矣，而犯者相踵，良由激劝不明，善恶无别，议贤议能之法既废，人不自励而为善者怠也。有人于此，廉如夷、齐，智如良、平，少戾于法，上将录长弃短而用之乎？将舍其所长苟其所短而置之法乎？苟取其长而舍其短，则中庸之材争自奋于廉智；倘苟其短而弃其长，则为善之人皆曰某廉若是，某智若是，朝廷不少贷之，吾属何所容其身乎？致使朝不谋夕，弃其廉耻，或自掊克，以备屯田工役之资者，率皆是也。若是非用刑之烦者乎！汉尝徙大族于山陵矣，未闻实之以罪人也，今凤阳皇陵所在，龙兴之地，而率以罪人居之，怨嗟愁苦之声，充斥园邑，殆非所以恭承宗庙意也。

朱元璋看了气极，连声音都发抖了，连声说："这小子敢如此！快逮来！我要亲手射死他！"隔了些日子，中书省官趁他高兴的时候，奏请把叶伯巨下刑部狱，不久叶伯巨死在狱中（《明史》卷一二九《叶伯巨传》）。

按照规定，每年各布政使司和府州县都得派上计吏到户部，核算钱粮军需等账目，数目琐碎畸零，必须府合省，省合部，一层层上去，一直到部里审核报销，才算手续完备。钱谷数字有分毫升合不符合，整个报销册便被驳回，得重新填造。布政使司离京师远的六七千里，近的也是三四千里，册子重造不打紧，要有衙门的印才算合法，为了盖这个印，来回时间就得一年半载。为了免得部里挑剔，减除来回奔走的麻烦，上计吏照例都带有预先备好的空印文书，遇有部驳，随时填用。到洪武十五年（1382），朱元璋忽然发觉这事，以为一定有弊病，大发雷霆，下令地方各衙门的长官主印者一律处死，佐贰官杖一百充军边地。其实上计吏所预备的空印文书是骑缝印，不能作为别用，也不一定用得着，全国各衙门都明白这道理，连户部官员也是照例默认的，算是一条不成文的法律。可是案发后，朝廷上谁也不敢说明详情，有一个不怕死的老百姓，拼着命上书把这事解释明白，也不中用，朱元璋还是把地方长吏一杀而空。当时最有名的好官济宁知府方克勤（建文朝大臣方孝孺的父亲）也死在这案内。上书人也被罚充军（《明史》卷九四《刑法志》、卷一三九《郑士利传》）。

郭桓是户部侍郎，洪武十八年（1385），有人告发北平二司官吏和郭桓通同舞弊，从六部左右侍郎以下都处死刑，追赃七百万，供词牵连各直省官吏，死的又是几万人。追赃又牵连全国各地，中产之家差不多全被这案子搞得倾家荡产，财尽人亡。这案子惊动了整个社会，也大伤了中产阶级和中下级官僚的心。大家都指斥攻击告发此案的御史和审判官，议论沸腾，情势严峻，朱元璋一看不对，赶紧下手诏条列郭桓等罪状，说是：

> 户部官郭桓等收受浙西秋粮，合上仓四百五十万石，其郭桓等只收（交）六十万石上仓，钞八十万锭入库，以当时折算，可抵二百万石，余有一百九十万石未曾上仓。其桓等受要浙西等府钞五十万贯，致使府州县官黄文等通同刁顽人吏边源等作弊，各分入己。

其所盗仓粮，以军卫言之，三年所积卖空。前者榜上若欲尽写，恐民不信，但略写七百万耳。若将其余仓分并十二布政司通同盗卖见在仓粮，及接受浙西等府钞五十万张卖米一百九十万不上仓，通算诸色课程鱼盐等项，及通同承运库官范朝宗偷盗金银，广惠库官张裕妄支钞六百万张，除盗库见在金银宝钞不算外，其卖在仓税粮及未上仓该收税粮及鱼盐诸色等项，共折米算，所废者二千四百余万（石）精粮。

其应天等五府州县数十万没官田地夏秋税粮，官吏张钦等通同作弊，并无一粒上仓，与同户部官郭桓等尽行分授。

意思是追赃七百万还是圣恩宽容，认真算起来该有两千四百万。这几万人死得绝不委屈。话虽如此说，到底觉得有些不妥，只好借审判官的头来平众怒，把原审官杀了一批，再三申说，求人民谅解（《明史》卷九四《刑法志》，《大诰》郭桓卖放浙西秋粮第二三、郭桓盗官粮第四九）。一年后，他又特别指出："自开国以来，惟两浙、江西、两广、福建所设有司官，未尝任满一人，往往未及终考，自不免于赃贪。"（《大诰续篇》）

可见杀这些贪官污吏是不错的，是千该万该的。不过，倒过来说，杀了二十年的贪官污吏，而贪官污吏还是那么多，沿海比较富饶区域的地方官，二十年来甚至没有一个能够做满任期，都在中途犯了赃贪得罪，由此可见专制独裁的统治，官僚政治和贪污根本分不开，单用严刑重罚、恐怖屠杀去根绝贪污，是不可能有什么效果的。

在鞭笞、苦工、剥皮、抽筋，以至抄家灭族的威胁空气中，
凡是做官的，不论大官小官，近臣远臣，随时随地都会有不测之
祸，人人都在提心吊胆、战战兢兢中过日子。这日子过得太紧张
了，太可怕了，有的人实在受不了，只好辞官，回家当老百姓，
不料又犯了皇帝的忌讳，说是不肯帮朝廷做事。"奸贪无福小人，
故行诽谤，皆说朝廷官难做。"（《大诰》奸贪诽谤第六四）大不敬，
非杀不可。没有做过官的儒士，怕极了，躲在乡间不敢出来应考
做官，朱元璋又下令地方官用种种方法逼他们出来，"有司敦迫
上道，如捕重囚"。还立下一条法令，说是："率土之滨，莫非王
臣，寰中士大夫不为君用，是自外其教者，诛其身而没其家，不
为之过。"（《大诰二编》苏州人才第一三）贵溪儒士夏伯启叔侄各剁
去左手大指，立誓不做官，被拿赴京师面审，朱元璋气呼呼地发
问："昔世乱居何处？"回说："红寇乱时，避兵于福建、江西两
界间。"不料"红寇"这名词正刺着皇帝的痛处：

> 朕知伯启心怀忿怒，将以为朕取天下非其道也。特谓伯启
> 曰：尔伯启言红寇乱时，意有他忿。今去指不为朕用，宜枭令籍
> 没其家，以绝狂愚夫仿效之风。

特派法司将其押回原籍处决（《大诰三编》秀才剁指第一〇，
《明史》卷九四《刑法志》）。苏州人才姚润、王谟被征不肯做官，
也都被处死，全家籍没（《大诰三编》苏州人才第一三，《明史》卷九四
《刑法志》）。

洪武朝朝臣幸免于屠杀的，只有几个：一个是大将信国公汤和，原是朱元璋同村人，一块儿长大的看牛伙伴，比元璋大三岁，起兵以后，诸将地位和元璋不相上下的，都闹别扭，不听使唤，只有汤和规规矩矩，小心听话，服从命令。到晚年，徐达、李文忠死已多年，汤和宿将功高，明白老伙伴脾气，心里老大不愿意，让诸大将仍旧掌兵权，苦的是嘴里说不出。他首先告老交出兵权，元璋大喜，立刻派官给他在凤阳盖府第，赏赐稠渥，特别优厚，算是侥幸老死在床上（《明史》卷一二六《汤和传》）。一个是外戚郭德成，郭宁妃的哥哥，一天他陪朱元璋在后苑喝酒，醉了趴在地上去冠磕头谢恩，露出稀稀的几根头发，元璋笑着说："醉疯汉，头发秃到这样，可不是酒喝多了。"德成仰头说："这几根还嫌多呢，剃光了才痛快。"元璋不作声。德成酒醒，才知道闯了大祸，怕得要死，只好索性装疯，剃光了头，穿了和尚衣，成天念佛。元璋信以为真，告诉宁妃说："原以为你哥哥说笑话，如今真个如此，真是疯汉。"不再在意，党案起后，德成居然漏网（《明史》卷一三一《郭兴传》）。一个是御史袁凯，有一次朱元璋要杀许多人，叫袁凯把案卷送给皇太子复讯，皇太子主张从宽。袁凯回报，元璋问："我要杀人，皇太子却要宽减，你看谁对？"袁凯不好说话，只好回答："陛下要杀是守法，东宫要赦免是慈心。"元璋大怒，以为袁凯两头讨好，脚踏两条船，老滑头，要不得。袁凯大惧，假装疯癫，元璋说疯子不怕痛，叫人拿木钻来刺他的皮肤，袁凯咬紧牙关，忍住不喊痛。回家后，自己拿铁链锁住脖子，蓬头垢面，满口疯话，元璋还是不放心，派使者去召他做官，袁凯瞪眼对使者唱月儿高曲，趴在篱笆边吃狗屎，使者回报果然疯了，才不追究。这一次朱元璋却受了骗，原来袁凯预先叫人用炒面拌砂糖，捏成段段，散在篱笆下，趴着吃了，救了一条命，朱元璋哪里会知道（《明史》卷二八三《袁凯传》，徐祯卿《翦胜野闻》，陆深《金台纪闻》）？

吴人严德珉由御史升左佥都御史，因病辞官，犯了忌讳，被黥面充军南丹（今广西），遇赦放出，布衣徒步做老百姓，谁也不知道他曾做过官。到宣德时还很健朗，一天因事被御史所逮，跪在堂下，供说也曾在台勾当公事，颇晓三尺法度。御史问：是何官？回说：洪武中台长严德珉便是老夫。御史大惊谢罪，第二天去拜访，严德珉却早已挑着铺盖走了。有一个教授和他喝酒，见他脸上刺字，头戴破帽，问老人家犯什么罪过，德珉说了详情，并说先时国法极严，做官的多半保不住脑袋。说时还北面拱手，嘴里连说："圣恩！圣恩！"（《明史》卷一三八《周祯传》）

元璋有一天出去私访，到一破寺，里边没有一个人，墙上画一布袋和尚，有诗一首："大千世界浩茫茫，收拾都将一袋藏，毕竟有收还有放，放宽些子有何妨？"墨迹还新鲜，是刚画刚写的，赶紧使人去搜索，人已经不见了（徐祯卿《翦胜野闻》）。这故事不一定是真实的，不过，所代表的当时人的情绪却是真实的。

北虏、南倭问题

　　这里谈谈另外一个问题，就是如何对待明朝和蒙古族的关系问题。明朝和蒙古的关系始终是敌对的。从 1368 年之后，一直到明朝灭亡，几百年间始终是敌对的关系。我们今天来研究过去的历史，应该实事求是地处理这个问题。在历史上是敌对的关系，你就不能说那个时候我们已经贯彻了民族政策，汉族和兄弟民族都是友好相处的。这是一方面。另一方面，今天我们国家是各民族团结的大家庭，实行民族团结的政策，各民族互相尊重，友好相处。在这样的情况下，我们怎么来看待历史上的民族关系？譬如明朝和蒙古族的关系，北宋和契丹的关系，清朝满族和汉族的关系，等等。对这些问题，有不少人感到难以处理。其实很简单，从今天学习历史的角度来说，从几千年各个民族发展的历史来说，我们应该把我们国家历史上的民族关系当作内部矛盾来处理。无论是蒙古或者契丹，无论是西夏或者女真，都是这样。经过几年的研究，我们得出这样的结论：就是凡是今天在我们中华人民共和国的疆域之内的各民族，不论是哪一个民族，历史上的关系，都是我们自己内部的问题，不能当作敌我矛盾来处理，不能把它们当作外国。要是当作外国，那问题就严重了。我们不能继承解放以前那些历史书、教科书和某些论文中的带有民族偏见的错误观点。总之，我们今天的看法可以分为两个方面：一方面必须实事求是，历史是怎么样就怎么样写。明朝和蒙古是打了几百年的仗，这个历史事实不能改，在当时是敌对关系，这一点不能隐讳，也不能歪曲。另一方面，凡是我国疆域以内的各民族，不管它在历史上是什么关系，今天我们看都是内部问题、内部矛盾。两个兄弟吵架，不能作为侵略和被侵略来处理。今天，蒙古族是我们五十几个兄弟民族里面的一个，我们今天来讲这段历史的时候，就不能像当时那样对蒙古族采取诬蔑、谩骂、攻击的语言。要互相尊重。明朝是骂蒙古的，蒙古也骂明朝，这是历史事实。但这是他们在骂，不是我们在骂，我们应该实事求是地记录。如果我们也用自己的话来骂就不对了。你有什么道理骂蒙古族？你根据什么事情骂？所以要正确看待历史上的民族关系。

至于区别战争的性质问题，是正义战争还是非正义战争的问题，我们不能把少数民族打汉族的战争不加区别地都说成是正义的，也不能把汉族为了自卫而进行的战争都说成是非正义的。应该就事论事，就战争发生的原因、经过、情况、是非来判断战争的性质。比如说，汉朝和匈奴的关系。匈奴来打汉朝，他抢人家的东西，屠杀人、畜；汉朝为了自卫，就应该还击，这当然是正义的。唐朝和突厥的关系也是一样。突厥经常来打，唐朝为了自卫进行还击，也是正义的。明朝和蒙古的关系亦是如此。蒙古人要南下，明朝组织力量反抗，这同样也是正义的。但是，历史上汉族与少数民族之间的战争，也不是正义都在汉族的一边，这需要根据当时历史情况作出具体分析，不能一概而论。汉族经常欺侮一些小民族，打人家，这是非正义的。少数民族中的一些统治阶级为了自己的阶级利益，闹分裂，闹割据，打汉族，也同样是非正义的。所以要具体分析，不能笼统地对待。不是哪个民族大、哪个民族小的问题，也不是简单的谁打谁的问题，而是要根据战争的情况、双方人民的利益冲突来判断战争的正义性与非正义性。

明朝和蒙古的关系始终是敌对的关系，这个问题到清朝才解决。清朝打明朝经过了长期的战争，在这个战争中清朝采取联合蒙古的政策，取得了蒙古族的支持。在入关之后，清朝对待蒙古的政策是通过婚姻关系来保持满、蒙两个民族之间的和平，清朝皇帝总是把自己的女儿嫁给蒙古的酋长。乾隆过生日时，来拜寿的一些蒙古族酋长都是他的女婿、孙女婿、曾孙女婿。所以，万里长城在清朝失去了意义。秦始皇修筑万里长城在历史上是起了作用的。早在战国时代，北方一些国家，像燕国、赵国为了抗拒外族的侵略，已经修筑了一些城墙。秦始皇统一六国之后，把这些国家所修的城墙联结起来加以扩展，就成为万里长城。我们现在看到的长城是经过许多朝代修建的，特别是青龙桥八达岭这一段不是秦始皇修的，而是明朝后期修的。我们在评论历史上某一件事情的好坏时，应该用辩证的方法。秦始皇修万里长城花了很大的力量，死了不少人，这是坏的一方面；可是另一方面，长城在漫长的历史过程中也的确起了作用。虽然它不能完全堵住北方各民族向南发动战争，但是，无论如何，它起了一部分作用，至少因为有了这样一个防御工事，长城以南众多的人口可以从事和平的生产。把长城的作用估计过高，认为有了这一条防线，北方的少数民族就进不来了。这是错误的。它们还是进来了，而且进来不止一次。但是，由于有了这个防御工事，北方一些少数民族的军事进攻受到阻碍，这种作用，直到明朝还是存在的。所以明朝还继续修缮长城。只有到了清朝，这样的作用才不再存在了。当然，清朝和蒙古也有几次战争，不过跟明朝的情况比较起来就不同了。明朝和蒙古始终是敌对的关系。清朝不是这样，清朝和蒙古只是个别时候发生过战争。今天情况就更不同了，国家性质改变了，我们采取民族团结、民族区域自治的政策，内蒙古自治区是我们中华人民共和国的组成部分之一，现在的长城只是作为一个历史文物而保留着。世界上有七大奇迹，长城是其中之一，是世界上最伟大、最古老的工程之一。

　　明朝和蒙古的关系，是明朝历史上的一个特征，跟过去的情况不一样，跟以后的情况也不一样。此外，明朝和倭寇的关系，即所谓南倭问题，也是这个时代很突出的一个问题。明朝以前没有这样的情况，明朝以后也没有这样的情况。

　　研究明朝和倭寇的关系，光从中国的情况、中国的材料出发，不可能得到全面的理解。还必须研究日本的历史。不研究日本的历史就很难理解当时为什么会有那么一些人专门从事抢劫，进行海盗活动，而且时间是如此之长，破坏是如此之严重。但是看看当时日本国内的情况，问题就很容易理解了。所以我们先讲讲日本的情况。

　　明朝的历史是从 1368 年开始的。而日本从 1336 年起，内部分裂为南朝、北朝。京都是北朝的政治中心，吉野是南朝的政治中心。这个分裂的局面，长达六十年之久。一直到 1392 年南朝站不住了，才投降了北朝。分裂期间，日本有两个天皇：京都有一个天皇，吉野有一个天皇。正当日本南北朝分裂的时候（1336—1396），明朝建立起来了。明朝建立初年，正是日本南北朝分裂的后期。

　　当时日本的政治形势怎么样呢？日本有天皇，可是那个天皇是虚的、无权的，是一个傀儡。不只是那个时候的天皇是傀儡，凡是明治维新以前的天皇都是傀儡，地位很高，可是政治上没有实际权力。掌握实权的是谁呢？是将军。当时的将军称为征夷大将军。将军有幕府，当时的幕府叫室町幕府，也叫足利幕府。那时日本处在封建社会，有很多封建领主，这些封建领主有很多庄园，占有很多土地，有自己的军事力量，他们不完全服从幕府的命令，各自在自己的势力范围内实行封建割据。足利幕府建立之后，由于他的经济基础很薄弱，不能完全控制他们。所以，在足利幕府时代，由于地方经济的发展，封建领主势力强大，在幕府控制下的中央财政发生了困难。怎么办呢？它就要求和明朝通商，做买卖。足利幕府的第三代叫足利义满，他派人到明朝来，要求和明朝通商。明朝政府当然欢迎，但是对日本的情况不了解，对国际形势缺乏认识，不知道日本国内已经有了天皇，糊里糊涂地就封足利义满为日本国王。足利义满希望通过和明朝通商来加强自己的经济地位，减少财政困难。但是，由于当时日本是处在一种分裂割据的状态，那些大封建领主并不听他的话。而在那些大封建领主下面有一批武士，由于得不到土地，生活困难，于是他们就到海上去抢劫，成为倭寇。这就是倭寇的来源。所以当时的情况是，一方面幕府和明朝有交往；另一方面幕府下面那些封建领主一批批地来破坏这种交往，到处抢劫。幕府不能控制那些诸侯、封建领主，最后发生了内战。从 1467 年到 1573 年这个时期，是日本历史上的"战国时期"。这段时期延续了一百多年，日本国内到处打来打去，战争频繁，人民不能正常地进行生产，因而土地荒废，粮食不足。这样，就使更多的人参加到倭寇的队伍中来。这就是日本在"战国时代"，也就是明朝中期（1467—1573）之后，倭寇侵略更加严重的原因。

从中国的情况来说，中国遭受倭寇的侵犯从明朝一开始就发生了。在明朝建国以前，倭寇已经侵略高丽。那时候，高丽王朝的政治很腐败，没有能力抵抗。接着倭寇南下骚扰我国沿海各地，从辽东半岛到山东半岛，到江苏、浙江、福建、广东，到处侵犯。洪武二年（1369）明朝政府派海军去抵抗倭寇。1384年之后又派了一个大将在山东、江苏、浙江沿海地区修了五十九个军事据点防御倭寇。1387年又在福建沿海地区修建了十六个军事据点。所以，从洪武时代起，倭寇就已在危害中国。在永乐时代，1419年倭寇大举进攻山东沿海地区。明朝军队狠狠地打了他一下，把这一股倭寇全部消灭了。倭寇的侵扰引起了明朝政府内部在政治上的争论。当时明朝政府专门设立了三个对外贸易机构，叫作"市舶司"。这三个市舶司设在广州、宁波和泉州。这些地方是当时的对外通商口岸，外国人可以到这里来做买卖。当倭寇侵略发生之后，有的人认为，倭寇之起是由于对外通商，因为你要做买卖，所以日本海盗就来了。最好的办法就是把市舶司封闭掉，对一切国家一概不做买卖。这种论调在明朝政府中占了优势，结果在1523年把三个市舶司撤销了。

撤销市舶司之后产生了另外一个问题。浙江、福建、广东等东南沿海地区，人口密度高，人多耕地少，不少人没有生产资料。这些人做什么呢？在通商的时候他们借一点资本出去做买卖，买一些外国货到中国来卖；把中国的土产卖出去。因此，这些人是依靠通商来维持生活的。这是一种情况。另外还有一种情况，就是东南沿海的一些大地主，他们看到对外通商的收入比在农业生产上进行剥削要多好几倍，因此从事对外贸易。他们自己搞了很多海船载运中国土产出国，同时把外国商品带回来卖。沿海大地主依靠通商发财，这在当时叫作"通番"。"通番"的历史已经很久了，宋朝后期就有许多大地主组织船队出海通商的事。宋代关于这一类事情的记载很多。元朝也有。民间有这样一个传说：明朝有一个大富翁叫沈万三，他家里有一个聚宝盆，这个盆里可以出很多宝贝。这是传说，事实并不是这样。事实是他搞对外贸易发了财。有人说他富到这样的程度，明太祖修建南京城时，有一半是他出的钱；此外，每年还要他出很多钱。因为在明朝和元朝作斗争的时候，他曾经站在元朝这一边。所以后来明太祖干脆把他的家产全部没收了，把他充了军。有的说是充军到云南，也有的说是充军到东北。这个故事说明，当时是有这么一部分人是依靠通商和对外贸易来发财的。所以，当时东南沿海地区的情况是，一方面许多贫民依靠对外通商来维持生活，其中有一些穷苦的人长期停留在国外，这一批人就成为华侨。现在南洋各个地方都有华侨，大体上以广东、福建人为多。另一方面，沿海一些大地主依靠通商来发财。因此，当1523年，由于倭寇不断骚扰沿海，明朝政府封闭了市舶司，断绝了对外通商关系时，就产生了新的问题：一方面很多穷苦人失去了生活来源；另一方面，沿海大地主失去了发财的机会。他们要求恢复通商。在这种情况下，某些地主集团便采取反抗手段。你禁止通商，他就秘密

通商。他们自己组织船队出去，其中有一些照样发了财，有一些就遭到倭寇的抢劫；而另外一些则采取和倭寇合作的办法，他们也变成了倭寇。他们组织船队出去，能够做买卖就做买卖，不能做买卖就抢。因此，倭寇主要是日本海盗，但其中也有一部分是中国人。

除了倭寇之外，当时还有一种情况，即在16世纪初年（1513），葡萄牙人到东方来了。这些葡萄牙人一方面进行通商活动；另一方面不但进行海盗活动，而且占据了我国福建沿海的一些岛屿。

1546年，也就是日本的"战国时代"，倭寇对沿海的侵略更加严重了，浙江宁波一带受到严重的损害。明朝政府派了一个官员总管浙江、福建两省的军事，防御倭寇。这个官员叫朱纨，他坚决执行禁海方针，任何人都不许出去。坚决用军事力量打击倭寇，打击葡萄牙海盗。把抓到的九十多个海盗头目——有日本人，有葡萄牙人，也有中国人——都杀掉了。这样一来引起了政治上的一场轩然大波。因为被杀的这些人里面，有一些是沿海的大地主派出去的，把这些人杀了，就损害了沿海大地主阶级的利益。这些大地主集团在北京中央政权机构里的代言人（主要是一些福建人）大叫起来了，他们向皇帝控告朱纨，说他在消灭海盗时，错杀了良民和好百姓。这样就展开了政治斗争。在政府里和地方上形成两派：一派要求对外通商；一派反对通商。大体上沿海一些大地主坚决主张通商，而内地一些大地主反对。为什么内地的大地主反对呢？因为他们不但得不到通商的好处，而且海盗扰乱的时候，还要出钱。他们吃了亏。通商派和反通商派的斗争很激烈，代表闽、浙沿海大地主利益的许多官员都起来反对朱纨。朱纨也向皇帝上疏为自己辩护，并且很愤慨地说："去外国盗易，去中国盗难；去中国濒海之盗易，去中国衣冠之盗尤难。"这样，浙江、福建沿海的大地主集团更加恨他，对他的攻击更厉害了。结果明朝政府就把他负责的浙江、福建两省的军事指挥权撤销了，并且派了一个官员来查办这件事。最后朱纨在"纵天子不欲死我，闽浙人必杀我"的情况下自杀了。

朱纨失败了，倭寇问题没有解决。1552 年之后，情况更加严重。在浙江沿海一带，倭寇长驱直入。一直到 1563 年的十一年中间，不但江苏、浙江、福建的许多城市、农村受到倭寇的烧杀、抢劫，倭寇甚至还打到南京城下，打到苏州、扬州一带。

这个时候，明朝的军事力量已经腐化了。明朝在地方的军事制度是卫所制，一个卫有五千六百人，一个千户所有一千一百二十人，一个百户所有一百二十人。军队和老百姓分开，军户和民户分开。军人是世袭的，父亲死了以后，儿子接着当兵。明朝初年的军事力量是相当强大的，因为它有经济作基础。那时，明朝实行屯田政策，军队要参加生产。办法是国家拨一部分土地给军队，军队里抽一部分人，参加农业生产。自己生产粮食供应军队的需要，国家再补贴一部分。所以，尽管军队的数量很大，最多时达到二百多万人，可是国家的财政开支并不

大。之后由于许多地主官僚把屯田吞没了，把军队的钱贪污了，所以屯田的面积愈来愈小，粮食收入愈来愈少。同时，有些军官把士兵拉来替他搞私人劳动，在家里服役。此外，由于军队和老百姓是分开的，军户和民户是分开的，军人的服装、武器要自备；把河北人派到云南去，山东人派到浙江去，世世代代当兵，结果部队中逃亡的比例愈来愈大。从明朝初年一直发生军队减员的现象，以后愈来愈严重，往往一个单位的逃亡比例达到十分之七八，一百人当中只剩下二三十人。怎么办呢？明朝政府就采取这样的办法：张三如果逃跑了，就把他的弟弟、侄子抓去顶替。如果他家里没有人可以顶替，就抓他的邻居去代替。但是这些被抓去顶替的人又逃跑了。所以军队数量愈来愈少，质量愈来愈低。军官也腐化了。

从明太祖到明成祖，在沿海建立了许多军事据点，组织了海军，建造了一些战船。到这时这些战船因为用的时间太久了，破破烂烂，不能再用了。按照规定，船过一定时期要修一次。可是由于修船的钱也被军官贪污了，没办法修，所以战船愈来愈少。

由于上面这几方面的原因，明朝的军事力量腐化了，军队不能打仗了。在1552年之后，往往是数量不多的倭寇登陆之后，一抢就是几十个城市，抢了就跑。各地方尽管有很多军队，但是不能抵抗。人民遭受到深重的灾难。特别应该指出的是，倭寇所侵犯的这些地区都是粮食产区，是最富庶的地方。像江苏、浙江及福建沿海地区，都是最富庶的地区，经济最发达的地区。这些地方长期遭到抢劫一直到什么时候呢？一直到 1564 年才改变这种局面。这时，出现了戚继光、俞大猷等有名的军事将领。戚继光看到原来的军队不能作战了，就自己练兵。他了解浙江义乌县的农民很勇敢，便招募了义乌县的农民三千人，成立了一支新军，进行严格的军事训练。他根据东南地区的地形，组织了一个新的阵法，叫作"鸳鸯阵法"。这个阵法的主要特点是各个兵种互相配合，长武器和短武器结合使用。更重要的是他有严格的军事纪律，对兵士进行严格的军事训练。经过两三年之后，他的这支军队便成了最有战斗力的军队。当倭寇侵入浙江的时候，在台州地区，戚继光的军队九战九胜，把浙江地区的倭寇消灭光了。之后把福建地区的倭寇也消灭了。他和俞大猷及其他地区的军事将领经过十年左右的努力，彻底解决了倭寇问题。

可是，在倭寇问题解决之后，又产生了新的问题。这时日本国内的情况发生了变化。原来的幕府被推翻了，新的军阀起来了。这就是丰臣秀吉。丰臣秀吉用军事力量统一了国内。不过这是表面上的统一，实际上国内各地还是一些封建领主在统治着。这些封建领主拥有强大的军事力量，他不能完全控制。为了把尚未完全控制的封建领主（大名）的目标转向国外，并消耗他们的实力，以稳固自己的统治，于是丰臣秀吉就发动一次侵朝战争，派军队去打朝鲜。他写信给朝鲜国王，说他要去打明朝，要朝鲜让路，让他通过朝鲜进入我国东北，他的军事野心非常狂妄，准备征服整个中国；然后把他的天皇带到中国来，以宁波为中心，建立一个庞大的帝国。步骤是：第一步，占领朝鲜；第二步，占领中国；第三步，以中国为中心，向南洋群岛扩张。面临着这样的形势，明朝政府怎么办？有两种主张：一种认为日本打朝鲜与中国无关；另一种是一些人看到了唇亡齿寒的关系，认为朝鲜是我们友好的邻国，丰臣秀吉占领朝鲜以后就会向中国进攻，因此援助朝鲜也就是保卫自己。经过一番争论，后一种意见占了优势，明朝派了军队出去援助朝鲜。这时候，朝鲜已经很混乱，大部分地区被日本军队占领，国王逃跑。明朝政府动员全国的力量来帮助朝鲜，前后打了七年（1592—1598）。由于中国人民的援助，朝鲜军队的奋勇抗战，特别是朝鲜海军名将李舜臣使用一种叫"龟船"的战舰，发挥了很大的作用，最后把日本侵略军打败了。1598年，丰臣秀吉病死。日本侵略朝鲜的军队跑掉了，战争结束了。

所以，我们和朝鲜的历史关系很深远，在甲午战争前三百年，中国就出兵援助过朝鲜，共同反抗外来的侵略。在中华人民共和国建立之后，我们的经济还没有恢复，美帝国主义就越过"三八线"，向朝鲜民主主义人民共和国进攻。情况很严重。我们又进行了抗美援朝运动，派出了志愿军支援了朝鲜人民。

这一段历史使我们得到这样的认识：日本军国主义者不是这个时代才有，而是有其长远的历史原因。它总是要侵略别人的，从倭寇起，以后不断地向外侵略，1598年侵略朝鲜，甲午战争时期占领我国东北，1937年以后占领了我国大部分地方。我们进行了抗日战争才取得了胜利。要了解和熟悉日本的情况，必须要了解和熟悉我们自己的历史情况，这样才能对我们很接近的国家有正确的看法。当然，说日本的军国主义有长远的历史原因，绝对不等于说日本人民都是侵略者。如果得出这样的结论，那就是错误的。但是日本的统治者，不管是过去的封建主，或者是近代的军国主义者，都是侵略成性的。中国与日本是一衣带水的邻邦，两国之间有着悠久的历史文化联系。但是在近代的半个多世纪中，由于日本军国主义的侵略，给中日两国人民带来了灾难。现在中日两国人民，都要从惨痛的历史中吸取有益的经验教训，使惨痛的历史永不重演，建立和巩固两国人民的友好关系。

明朝的历史情况与过去不同。与倭寇的斗争，与蒙古贵族的斗争贯穿着这个时代。明朝以前没有这样的情况，明朝以后也没有这样的情况，这是明朝历史的特征。要抓住这个特征才能够了解明朝人民的负担为什么那么重。因为北边有蒙古族问题，沿海有倭寇问题，就要有军队打仗。军队要吃饭、要花钱，这些负担都落在人民身上。所以明朝的农民受着无比深重的苦难。在这样的情况下，从明朝开国一直到灭亡，都不断发生农民战争。农民战争次数之多，规模之大，时间之久，分布地区之广，在历史上没有任何一个时期可以和明朝相比。

文字狱

统治阶级内部矛盾的另一方面，是一部分旧地主阶级的文人对新兴皇朝臣属关系的斗争。他们的阶级立场很坚定，认为造反的穷苦农民怎能做皇帝，对地主进行统治，因而拒绝和新朝合作。

这些文人对由红军发迹的朱皇帝，怀有深刻的憎恨。典型的例子如贵溪儒士夏伯启叔侄，斩断手指，立誓不做官，被逮捕到京师。朱元璋问他们："昔世乱居何处？"回答说："红寇乱时，避居于福建、江西两界间。"朱元璋大怒："朕知伯启心怀愤怒，将以为朕取天下非其道也。"特谓伯启曰："尔伯启言红寇乱时，意有他忿。今去指不为朕用，宜枭令籍没其家，以绝狂愚夫仿效之风。"特派人把他们押回原籍处死（《大诰三编》，秀才剁指第十；《明史》卷九四《刑法志》）。苏州人姚润、王谟也拒绝做新朝的官，都被处死刑，全家籍没（《明史》卷九四《刑法志》）。

有的文人怕元璋的严刑重法，动辄挨打以至杀头，谢绝新朝的征召，实在推脱不了，勉强到了南京，还是拒绝做官。例如，浙江山阴人杨维桢，号铁崖，诗名擅一时，号铁崖体。洪武二年（1369）被征，婉辞不去。三年（1370）又被地方官敦促上路，赋《老客妇谣》明志，大意说快死的老太婆不能再嫁人了，皇帝如不见谅，只好跳海自杀。朱元璋因他名望很大，不好过分勉强。维桢在南京住了几个月，便请求回家。宋濂赠诗说："不受君王五色诏，白衣宣至白衣还。"（《明史》卷二八五《杨维桢传》）江阴王逢自号席帽山人，张士诚据吴，其弟士德用逢计劝士诚北降于元以拒西吴。士诚亡，逢隐居乌泾。洪武十五年（1382）以文学被征，亏得他儿子在朝廷做官，向皇帝磕头哭求，才被放回去（《明史》卷二八五《戴良传》附《王逢传》）。也有抗拒不了，被迫非做官不可的，如大名秦裕伯避乱居上海，两次被征不出。最后朱元璋写了亲笔信说："海滨民好斗，裕伯智谋之士而居此地，坚守不起，恐有后悔！"情势严重，秦裕伯只好入朝（《明史》卷二八五《张以宁传》附《秦裕伯传》）。

也有另外一些文人曾经做过元朝或东吴的官，坚决不做新朝官吏的。例如，回族诗人丁鹤年自以家世仕元，逃避征召，晚年学佛法，到永乐时才死（《明史》卷二八五《戴良传》附《丁鹤年传》）。长乐陈亮自以为曾是元朝儒生，明初屡征不出，终身不仕（《明史》

卷二八六《林鸿传》附《陈亮传》）。山阴张宪学诗于杨维桢，仕东吴为枢密院都事，东吴亡，宪改名换姓，寄食杭州报国寺以死（《明史》卷二八五《陶宗仪传》附《张宪传》）。庐陵张昱在杨完者镇浙江时，做过左右司员外郎行枢密院判官，张士诚要他做官，辞谢不肯。朱元璋要他出来，一看太老了，说："可闲矣。"放回去，自号为可闲老人。小心怕事，绝口不谈时政，有一首诗说明他的处境：

洪武初年自日边，诏许还家老贫贱。池馆尽付当时人，惟存笔砚伴闲身。刘伶斗内葡萄酒，西子湖头杨柳春。见人斫轮只袖手，听人谈天只钳口（张昱《可闲老人集》卷一《寄河南卫镇抚赵克家叙旧》）。

总之，在明初，除了一部分大地主出身的文人如刘基等人已经参加了新兴的统治集团以外，中小地主出身的文人可以分作两类：

一类是倚靠新朝保护，得到了新朝统治的好处，决心和新朝合作，有官便做，甚至想尽办法钻营，要升官发财，改换门庭，光宗耀祖的，这类人占极大多数，是朱元璋统治所依靠的主要力量，各级政府官员的主要来源；另一类便是对红军抱有深刻仇恨，对新朝当然也抱着抗拒态度，不肯合作的。这一类人人数虽不甚多，但对当时的社会和政治却有相当影响。

朱元璋对付这些不肯合作的封建文人，采用严峻的刑罚，特别制定一条法律："率土之滨，莫非王臣。寰中士大夫不为君用，是自外其教者，诛其身而没其家，不为之过。"（《大诰二编》《苏州人才》一三，《明史》卷九四《刑法志》）寰中士大夫不为君用，办法是杀。

一部分士大夫不肯为朱元璋所用，朱元璋便用特殊法律、监狱、死刑以至抄家灭族一套武器，强迫他们出来做官。一方面一部分人不肯合作，另一方面新朝又非强迫他们出来合作不可，这样便展开了统治阶级内部另一方面的长期流血斗争。

一部分封建文人不满意朱元璋的统治，朱元璋也痛恨这些人胆敢抗拒，用尽一切方法镇压，这种对立形势越来越显著了。在斗争的过程中，朱元璋特别注意文字细节和他自己出身经历的禁忌，吹毛求疵，造成了洪武时代的文字狱。

所谓禁忌，含义是非常广泛的。例如，朱元璋从小过穷苦的生活，当过和尚。和尚的特征是光头，剃掉头发，因此，不但"光""秃"这类字对他是犯忌讳的，就连"僧"这个字也很刺眼，推而广之，连和"僧"同音的"生"字，也不喜欢了。又如他早年是红军的小兵，红军在当时元朝政府和地主官僚的口头上、文字上，是被叫作"红贼""红寇"的，曾经在韩林儿部下打过仗的人，最恨人骂他是"贼"，是"寇"，推而广之，连和"贼"字形音相像的"则"字，看着也有气了。

对文字的许多禁忌，是朱元璋自卑心理的一面。相反的一面

却表现为卖弄出身。历代开国帝王照例要拉扯古代同姓的有名人物做祖先，朱元璋的父亲、祖父都是佃农，外祖父是巫师，在封建社会里都是卑微的人物，没有什么可以夸耀的。据说，当他和文臣们商量修玉牒（家谱）的时候，原来打算拉宋朝著名的学者朱熹做祖先的。恰好一个徽州人姓朱的典史来朝见，他打算拉本家，就问："你是朱文公的后人吗？"这小官不明底细，怕撒谎闯祸，只好直说不是。他一想区区的典史小官尚且不肯冒认别人做祖宗，而且几代以来也从没听说和徽州朱家有过瓜葛，万一硬认上，白给人做子孙倒也罢了，被识破落人笑话，如何使得（《明朝小史》卷一）？只好打消了这念头，不做名儒的后代，却向他的同乡皇帝汉高祖去看齐，索性强调自己是没有根基的，不是靠先人基业起家的，在口头上、文字上，一开口，一动笔，总要插进"朕本淮右布衣"，或者"江左布衣"，以及"匹夫""起自田亩""出身寒微"一类的话，强烈的自卑感一反而表现为自尊，自尊为同符汉高祖，不断地数说，卖弄他赤手空拳，没一寸土地却打出来天下，把红军大起义的功绩一股脑儿算在自己名下。这两种不同心理，看来是矛盾的，其实质却又是一致的。可是，尽管他自己这样经常卖弄，却又忌讳别人如此说，一说又以为是挖他的根基了，结果又会是一场血案。

地方三司官和知府、知县、卫所官员，逢年过节和皇帝生日以及皇家有喜庆时所上的表笺，照例由学校教官代作，虽然都是陈词滥调，但因为说的都是颂扬话，朱元璋很喜欢阅读。他原来不是使小心眼的人，也不会挑剔文字，从渡江以后，大量收用了地主阶级的文人，替他办了不少事。建国以后，朝仪、军卫、户籍、学校等制度规程又多出于文人之手，使他越发看重文人，以为治国非用文人不可。文人得势了，百战功高的淮西集团的公侯们不服气，以为武将流血打的天下，却让这班瘟书生来当家，多少次向皇帝诉说，都不理会。公侯们商量了个主意，一天又向朱元璋告文人的状，朱元璋还是老一套，世乱用武，世治宜文，马上可以得天下，不能治天下，总之治天下是非用文人不可的。有人就说："您说得对。不过文人也不能过于相信，否则是会上当的。一般的文人好挖苦，拿话讽刺人。例如，张九四一辈子宠待文人，好第宅，高薪水，三日一小宴，五日一大宴，把文人捧上天。做了王爷后，要起一个官名，文人替他起名士诚。"朱元璋说："好啊，这名字不错。"那人说："不然。上大当了！《孟子》书上有：'士，诚小人也。'这句也可以破读成：'士诚，小人也。'骂张士诚是小人，他哪里懂得。给人叫了半辈子小人，到死还不明白，真是可怜。"（黄溥《闲中古今录》）朱元璋听了这番话，查了《孟子》，果然有这句话。从此更加注意臣下所上表笺，只从坏处琢磨，果然许多地方都有和尚贼盗，都像是存心骂他的，越疑心就越像，有的成语，转弯抹角一揣摩，好像也是损他的。武将和文官争权斗争的发展，使他在和一部分不合作的地主文人对立的基础上，更增加了对一般文人运用文字动机的怀疑，用他自己的政治尺度、文化水平来读各种体裁的文字，盛怒之下，叫把作这

些文字的文人，一概拿来杀了。

文字狱的著名例子，如浙江府学教授林元亮替海门卫官作《谢增俸表》，中有"作则垂宪"一句话；北平府学训导赵伯宁为都司作《贺万寿表》，中有"垂子孙而作则"一语；福州府学训导林伯璟为按察使撰《贺冬至表》的"仪则天下"；桂林府学训导蒋质为布按二使作《正旦贺表》的"建中作则"；澧州学正孟清为本府作《贺冬至表》的"圣德作则"，元璋把所有的"则"都念成"贼"。常州府学训导蒋镇为本府作《正旦贺表》，内有"睿性生知"，"生"字被读作"僧"；怀庆府学训导吕睿为本府作《谢赐马表》，有"遥瞻帝扉"，"帝扉"被读成"帝非"；祥符县学教谕贾翥为本县作《正旦贺表》的"取法象魏"，"取法"被读作"去发"；亳州训导林云为本州作《谢东宫赐宴笺》，有"式君父以班爵禄"一语，"式君父"被念成"失君父"，说是咒诅；尉氏县教谕许元为本府作《万寿贺表》，有"体乾法坤，藻饰太平"八字，就更严重了，"法坤"是"发髡"，"藻饰太平"是"早失太平"；德安府训导吴宪为本府作《贺立太孙表》，中有"天下有道，望拜青门"两句，"有道"说是"有盗"，"青门"当然是和尚庙了。朱元璋下令把作表笺的人一概处死。甚至陈州州学训导为本州作《贺万寿表》的"寿域千秋"，念不出花样来，还是被杀（赵翼《廿十二史札记》卷三二《明初文字之祸》引《朝野异闻录》）。

象山县教谕蒋景高以表笺误被逮赴京师斩于市（黄溥《闲中古今录》）。杭州府学教授徐一夔《贺表》有"光天之下，天生圣人，为世作则"。朱元璋读了大怒说："生者僧也，骂我当过和尚。光是剃发，说我是秃子。则音近贼，骂我做过贼。"把礼部官吓得要死，求皇帝降一道表式，使臣民有所遵守（徐祯卿《翦胜野闻》）。洪武二十九年（1396）特命翰林院学士刘三吾、左春坊右赞善王俊华撰庆贺谢恩表式，颁布天下诸司，以后凡过庆贺谢恩，如式录进（《明太祖实录》卷二四六）。照规定表式抄录，只填官衔姓名，文人的性命才算有了保障。

文字狱的时间从洪武十七年（1384）到二十九年（1396），前后达十三年（黄溥《闲中古今录》）。唯一幸免的文人是翰林院编修张某，此人在翰林院时说话出了毛病，被贬做山西蒲州学正。照例作庆贺表，朱元璋记得他的名字，看表文里有"天下有道""万寿无疆"两句话，发怒说："这老儿还骂我是强盗呢！"差人逮来当面审讯，说："把你送法司，更有何话可说？"张某说："只有一句话，说了再死也不迟。陛下不是说过，表文不许杜撰，都要出自经典，有根有据的话吗？天下有道是孔子说的，万寿无疆出自《诗经》，说臣诽谤，不过如此。"元璋被顶住了，无话可说，想了半天，才说："这老儿还这般犟嘴，放掉罢。"左右侍臣私下议论："几年来才见容了这一个人！"（李贤《古穰杂录》）

苏州知府魏观把知府衙门修在张士诚的宫殿遗址上，犯了忌讳，被人告发。朱元璋查看新房子的《上梁文》有"龙蟠虎踞"四字，大怒，把魏观腰斩（黄玮《蓬窗类纪·国初纪》；顾公燮《消夏

闲记摘钞》下，高青丘）。金事陈养浩作诗："城南有嫠妇，夜夜哭征夫。"元璋恨他动摇士气，取到湖广，投在水里淹死（刘辰《国初事迹》）。翰林院编修高启作题宫女图诗："小犬隔花空吠影，夜深宫禁有谁来？"朱元璋以为是讽刺他的，记在心里。高启退休后住在苏州，魏观案发，元璋知道《上梁文》又是高启的手笔，旧恨新罪一并算，把高启腰斩（李贤《古穰杂录》，朱彝球《静志居诗话》,《明史》卷二八五,《高启传》，高启《高太史大全集》卷一七《宫女图》）。有一个和尚叫来复，讨好皇帝，作了一首谢恩诗，有"金盘苏合来殊域"和"自惭无德颂陶唐"两句，元璋大为生气，以为殊字分为歹朱，明明是骂我。又说"无德颂陶唐"，是说我无德，虽欲以陶唐颂我而不能，又把这乱巴结的和尚斩首（顾公燮《消夏闲记摘钞》下《冤杀诗僧》,《廿十二史札记》卷三二《明初文字之祸》)。

地方官就本身职务，有所建议，一字之嫌，也会送命。卢熊做兖州知州，上奏本说州印兖字误类衮字，请求改正，朱元璋极不高兴，说："秀才无理，便道我衮哩！"原来又把衮字缠作滚字了。不久，卢熊便以党案被杀（叶盛《水东日记摘抄》卷二）。

从个人的禁忌进一步便发展为广义的禁忌了。洪武三年（1370）禁止小民取名用天、国、君、臣、圣、神、尧、舜、禹、汤、文、武、周、秦、汉、晋等字。二十六年（1393）出榜文禁止百姓取名太祖、圣孙、龙孙、黄孙、王孙、太叔、太兄、太弟、太师、太傅、太保、大夫、待诏、博士、太医、太监、大官、郎中字样，并禁止民间久已习惯的称呼，如医生只许称医士、医人、医者，不许称太医、大夫、郎中；梳头人只许称梳篦人或称整容，不许称待诏；官员之家火者，只许称阍者，不许称太监，违者都处重刑（《明太祖实录》卷五二，顾起元《客座赘语》卷一〇《国初榜文》）。

其他地主文人被杀的，如处州教授苏伯衡以表笺论死；太常卿张羽坐事投江死；河南左布政使徐贲下狱死；苏州经历孙蒉曾为蓝玉题画，泰安州知州王蒙尝谒胡惟庸，在胡家看画，王行曾做过蓝玉家馆客，都以党案被杀；郭奎曾参朱文正军事，文正被杀，奎也论死；王彝坐魏观案死；同修《元史》的山东副使张孟兼、博野知县傅恕、福建佥事谢肃都坐事死；曾在何真幕府的赵介，死在被逮途中；曾在张士诚处作客、打算投奔扩廓帖木儿的戴良，得罪自杀。不死的，如曾修《元史》的张宣，谪徙濠州；杨基罚做苦工；乌斯道谪役定远；顾德辉父子在张士诚亡后，并徙濠梁，都算是十分侥幸的了（《明史》卷二八五《苏伯衡传》，《高启传》，《王冕传》附《郭奎传》，《孙传》，《王蒙传》，《赵埙传》，《陶宗仪传》附《段德辉传》；《廿二史札记》卷三二《明初文人多不仕》）。

明初的著名诗人吴中四杰：高启、杨基、张羽、徐贲，都曾和张士诚来往，杨基、徐贲还做过张士诚的官，四人先后被杀、谪徙，看来不是巧合，而是有意识的打击。只有临海陈基是例外，陈基曾参张士诚军事，明初被召修《元史》，洪武三年（1370）卒。他在张士诚幕府时，所起草的书檄骂朱元璋的很

多，若不是死得早，他也是免不了的（《明史》卷二八五《赵埙传》
附《陈基传》）。

朱元璋用严刑重罚，杀了十几万人，杀的人主要是国公、列
侯、大将；宰相、部院大臣、诸司官吏、州县胥役；进士、监
生、经生、儒士、文人、学者；僧、道；富人、地主，等等。总
之，都是封建统治阶级内部的成员，他心目中的敌人。他用流血
手段进行长期的内部清洗工作，贯彻了"以猛治国"的方针，巩
固了朱家皇朝的统治。

另一方面，他又坚决反对社会上长期以来的政治上的地域、
乡土之见。他认为做皇帝是做全国的皇帝，不是做某一地方的皇
帝，选用的人才也应该是全国性的，淮西集团李善长、胡惟庸死
抱住只有淮人才能掌权做大官的阶级、小集团偏见，是他和淮西
集团内部矛盾焦点之一。正因为他有这样的看法，洪武三十年
（1397）发生了南北榜的案件。事情是这样的，这一年的会试，
由翰林学士湖南茶陵人刘三吾和纪善、白信蹈等主考，榜发，江
西泰和人宋琮考了第一，全榜没有一个北方人，举人们纷纷议
论，不服气，难道北方人连一个够格的也没有？向皇帝告状说主
考官刘三吾等都是南方人，偏袒南人。朱元璋大怒，命侍讲张信
等检查考卷，北方人还是没有及格的，朱元璋大不高兴。又有人
告发张信等受了刘三吾等人的嘱托，故意拿不合格的卷子评阅。
朱元璋大怒，把白信蹈等杀了，刘三吾这年已经八十五岁了，以
其太老，免死充军边境，会元宋琮也充了军。元璋亲自出题目重

考，考取了六十一人，全是北方人。当时叫这次会试为南北榜，也叫春夏榜（《明史》卷一三〇《刘三吾传》）。

其实当时的实际情况是，北方经过长期战争破坏，生产水平低于南方，就教育、文化的发展来说，南方是高于北方的。考卷照旧例弥封，考官并不能知道考生是南人还是北人。刘三吾等只凭考卷文字决定去取，尽管所取全是南人，倒不定存有南北之见。经过北方考生几次抗议，引起了朱元璋的密切注意，他为了争取笼络北方的地主知识分子，重考的结果，一榜及第的全是北人，南人一个也没有，他是从政治出发的，从大一统国家的前提出发的，而不是单纯从考卷的优劣出发的。白信蹈等考官的被杀、宋琮的充军是冤枉的。

统治阶级的内部矛盾，也表现在地域关系上，淮西集团和非淮西集团、南人和北人之间都有极其激烈的斗争。前者的矛盾随着淮西集团的消灭，解决了。但是南方人和北方人的矛盾，却并未解决，后来国都迁到北方了，皇帝成为北人，朝廷上当权的也是北方人逐渐占优势。洪武以后两百多年间，随着朝廷上当权的是北方人还是南方人的不同情况，各自庇护本阶层本地区的利益，互相排挤，有若干次政治斗争，都和南人和北人的阶级内部利益矛盾有关。

东林党之争

东林党之争是明朝末年历史上的一个特征。

首先应该明确这样一个问题，历史上所谓的党与我们今天所说的党是两回事，不能把历史上所说的党和今天的政党混同起来。历史上所说的党并没有什么组织形式，参加哪个党是没有任何形式的，既不要交党费，也没有组织生活，更没有党章和党纲。然而在历史上又确实叫作党。历史上所谓的党是指的什么呢？是指政治见解大体相同的一些人的集团，也就是统治阶级内部某些人无形的组合。明朝的东林党，它的情况大致是这样：在江苏无锡有个书院叫东林书院，这是一所学校。当时有两个政府官员，顾宪成和顾允成两兄弟，在北京做官的时候，由于他们的政治见解与当时的当权人物相抵触，便辞官，回家后在东林书院讲学。他们很有学问，在地方上声望很高，为人也正派。这样，和他们意气相投的人跟他们的来往便越来越多了。不但在地方上，就是在北京，有一些官员跟他们的来往也比较多。他们以讲学为名，发表一些议论朝政的意见。这样，从万历二十二年（1594）开始，一直到明朝被推翻，前后五十年间，在明朝政坛上形成了一批所谓的东林党人，和另外一批反对东林党的非东林党人。非东林党人后来形成齐（山东）、楚（湖北）、浙（浙江）三派，与东林党争论不休。这五十年间，在几件大事情上都有争论。你主张这样，他反对；他主张那样，你反对。举例来说，党争中最早的一个问题，就是所谓"京察"问题。"京察"这两个字大家都认识，但是不好懂。这是古代历史上的一种制度，就是政府的官员经过一定的时期要考核，相当于现在的考勤考绩。主持考勤考绩的是吏部尚书、吏部侍郎（相当于现在的内务部长、副部长），他们主管文官的登记、资格审查、成绩考核及任免、升降、转调、俸给、奖恤等事。当时考取进士以后，有一部分进士就安排做科道官。科就是六科给事中，道就是十三道御史。六科就是按照六部（吏、户、礼、兵、刑、工）来分的。道是按照行政区划来设置的。当时全国有十三个布政使司，设了十三道御史，譬如浙江道有浙江道御史。科道官都是监察官，当时叫作"言官"。他们本身没有什么工作，只是监察别人的工作，提出赞成的或者反对的意见。他们的任务就是说话，所以叫"言官"。每次"京察"，吏部提出某些人称职，某些人不称职。1594年举行"京察"的时候，就发生了争论，这一部分人说这些人好，那一部分人说不好。凡是东林党人说好的，非东林党人一定说不好。争论中掺和了封建社会的乡里（同乡）关系。譬如齐、楚、浙就是乡里关系。不管这件事情正确不正确，只要是和我同乡的人，都是对的。还有一种同门的关系。所谓同门，就是指同一个老师出身的。不管事情本身怎么样，只要跟我是同学，就都是对的。至于对亲戚、朋友则更不用说了。就在这样的封建关系组合之下，从 1594 年"京察"开始，一直争吵了五十年。

继"京察"问题之后，接着发生了"国本之争"。所谓"国本"，就是国家的根本。我们今天说国家的根本就是人民，没有人民就没有国家。当时并没有这样的概念。那时候所谓"国本"是指皇帝的继承人问题。万历做了多年皇帝，按照过去的惯例，他应该立一个皇太子，以便他死后有一个法定的继承人。可是他不喜欢他的大儿子，他所喜欢的是他的小老婆（郑贵妃）生的儿子福王（以后封在河南洛阳），所以他就迟迟不立太子。有些大臣就叫起来了，他们认为国家的根本很重要，也就是说下一代的皇帝很重要，应该早立太子。凡是提议立太子的，万历就不高兴，他说：我还活着，你们忙什么！这样，有人主张早立太子，有人反对立太子，争吵起来了，这就叫"国本之争"。

跟着又发生了一个案子叫"梃击案"。有一天早晨，突然有一个人跑到宫里，见人就打，一直打到万历的大儿子那里去了。当然，这个人马上被逮住了。可是这里产生了一个问题，是谁叫他到宫里来打万历的大儿子的？当时有人怀疑是郑贵妃指使的。这是宫廷问题，却成了当时政治上的一个大问题，引起了争吵，东林党与非东林党大吵特吵。

万历做了四十八年皇帝，死了。他的大儿子继位不到一个月又死了。怎么死的呢？搞不清楚。据说在他生病的时候，有一个医生给他红丸药吃，吃了以后就死了。这样就产生了一个问题，这个皇帝是不是被毒死的？是谁把他毒死的？因此又发生了所谓的"红丸案"。各个集团之间又争吵起来了。

正在争吵的时候，产生了另外一个问题：这个只做了个把月的皇帝死了以后，他的儿子继位，还没成年。这个短命皇帝有个妃子李选侍，她住在正宫里不肯搬出来。她有政治野心，想趁这个小孩做皇帝的机会把持朝政。这样，又发生了争论，有一些人出来骂她：你这个妃子怎么能霸着正宫？逼着她搬出去了。这个案件叫"移宫案"。京戏里有一出戏叫《二进宫》，就是反映这件事的，不过把时代改变了，把孙子的事情改成了祖父的事情。

"梃击""红丸""移宫"是当时的三大案件，成为当时争论最激烈的事件。在这样的情况下，政治上出现了什么现象呢？每一件事情出来，这批人这样主张，那批人那样主张，争论不休，整天给皇帝写报告。到底谁对谁不对？从现在来看，东林党与非东林党之争，一般地说，道理在东林党方面。东林党的道理多，非东林党的道理少。但是，东林党是不是完全对呢？在某些问题上也不完全对。这样争来争去，争不出个是非来，结果只有争论，缺乏行动，许多政治上该办的事没人去管了。后来造成这种现象：某些正派的官员提出他的主张，这个主张一提出来，马上就有一批人来攻击他，他就不能办事，只好请求辞职。皇帝不知道这个人对不对，不作处理，把事情压下来。这个官既不能办事，辞职也辞不成，怎么办？干脆自己回家。他回家以后，政府也不管，结果这个官就空着没人做。到万历后期，政治纪律松懈到这样的地步：哪个官受了攻击就把官丢了回家，以致六部的很多部长都没人做了。万历皇帝到晚年根本不接见臣下，差不多一二十年不跟大臣见面，把自己关在宫廷里，什么事情也不管。大臣们有什么事情要跟他商量也见不着。政治腐化，纪律松懈，很多重要的问题得不到解决，却专搞无原则的纠纷。大是大非没人管了，成天纠缠在一些枝节问题上面。

这种无休止的争吵影响到一些重大的政治事件的发展。譬如日本侵略朝鲜，中国到底应不应该援助朝鲜？在这个问题上发生了争论。后来还是派兵去支援了朝鲜，第一个时期打了胜仗，收复了平壤。后来又派兵去，由于麻痹大意，打了败仗。打了败仗以后，政府里又发生争论了，主和派觉得和日本打仗没有必要，支援朝鲜意义不大，不如放弃军事办法，转而采取政治办法来解决问题。他们主张把丰臣秀吉封为日本国王，并答应和他做买卖。历史上封王叫作朝，做买卖叫作贡，所谓朝贡，说得通俗一点，就是你带些物资来卖给我，我给你一些物资作交换。在这种情况下，明朝政府只好一面按照主战派的主张，继续派兵援助朝鲜；一面派人暗中往来日本进行和议。后来明军与朝鲜军大败日本侵略军，日本愿和了。明朝政府便按照主和派撤兵议和的主张，允许议和。并派人到日本去办外交，封丰臣秀吉为国王。但日本国内本来已经有天皇，因此丰臣秀吉不接受王位，而且提出了很强硬的条件。结果外交失败了。日军重新侵略朝鲜。明朝政府只好再次出兵，最后打败了日军。由于追究外交失败的责任，又引起了争论。

这种影响在"封疆案"的问题上表现得更加明显。万历死后，东林党在政府做官的人越来越多了。这时北京有一个"首善书院"（在北京宣武门内），在这里讲学的也是东林党人。这些人在政治上提出意见时，非东林党人就起来攻击，要封闭这个书院。东林党人当然反对封闭。这样吵了二三十年。这个争论最后演变成什么局面呢？当时万历皇帝的孙子熹宗（年号天启，是崇祯皇帝的哥哥）很年轻，不懂事，光贪玩。他宠信太监魏忠贤，军事、政治各个方面都是太监当家。一些地主阶级的知识分子由于在魏忠贤门下奔走而当了官。凡是属于魏忠贤这一派的，历史上称为"阉党"。阉党里面没有什么正派人。东林党是反对阉党的。因此，党争发展到这个时候，就变成了地主阶级的知识分子与宦官的斗争。这个斗争影响到东北的军事形势。在万历以前，东北的建州女真已经壮大起来了，不断进攻辽东，占领了许多城市。到天启时代，明朝防御建州女真的军事将领熊廷弼提出一系列的军事上和政治上的主张，他认为跟建州女真进行军事斗争时，明朝军队不能退回到山海关以内，而应该在山海关以东建

立军事据点。当时前方的另一个军事将领叫王化贞，他不同意
这个意见，他认为只能依靠山海关来据守。熊廷弼虽然是统帅，
地位比王化贞高，但是没有军事实权。而王化贞得到了魏忠贤
的支持。这样，熊廷弼的正确意见因为得不到支持而不能贯彻，
结果打了败仗，王化贞跑回来了，熊廷弼也跑回来了，山海关
以东的很多地方都丢了。北京震动，面临着很严重的军事危机。
在这种情况下又发生了有关"封疆案"的争论。当时追究这次
失败的责任，到底是熊廷弼的责任，还是王化贞的责任？从当
时的具体军事形势来看，熊廷弼是正确的，但他没有军队来支
持。王化贞有十几万军队，坚持错误的主张，因此王化贞应该
负责。但是因为熊廷弼得罪了很多人，结果把这个责任推到他
身上，把他杀了。很显然，这样的争论和处理大大地影响了前
方的军事形势。

"封疆案"以后，跟着就是魏忠贤对东林党人的屠杀。因为
一些在朝的东林党人认为魏忠贤这样胡搞不行，就向皇帝写信
控告他的罪恶。当时有杨涟等人列举了他的二十四条罪状。这
些东林党人的行为得到了其他官员的支持。这样，东林党和阉
党就面对面地斗争起来。由于魏忠贤军权在握，又指挥了特务，
而东林党人缺乏这两样武器，结果大批的东林党人被杀。当时
被杀的有杨涟、左光斗、周顺昌、黄尊素、缪昌期等。其中周
顺昌在苏州很有声望，当特务逮捕他的时候，苏州的老百姓站
出来保护他。最后这次人民的斗争还是失败了，人民吃了苦头，

周顺昌被带到北京杀害了。

熹宗死了以后，明朝最后的一个皇帝——崇祯皇帝比他哥哥清楚一点，他把魏忠贤这伙人收拾了，把一些阉党分子都杀了（魏忠贤是自己上吊死的）。但是这场斗争是不是停止了呢？没有停止，东林党人跟魏忠贤的余孽在崇祯十七年（1644）的时候还在继续斗争。崇祯五年（1632），一些东林党人的后代跟与东林党有关系的地方上的知识分子组织了一个团体，叫作"复社"，以后又有"几社"，有大批青年知识分子参加。表面上他们是以文会友，写文章、写诗，是学术研究组织，实际上有政治内容。大家可能看过《桃花扇》这出戏，这出戏里的侯朝宗、陈贞慧、吴应箕、冒辟疆四公子都是复社里面的人。当时李自成已经占领了北京，崇祯上吊死了。这个消息传到了南方，没有皇帝怎么办？这时一些阉党人物就想拥小福王（由崧）来做皇帝。原来万历把最喜欢的那个儿子福王（常洵）封在河南洛阳，这是老福王。这个人很坏，在他被封到洛阳时，万历给了他四万顷土地，河南的土地不够，还把邻省的土地也给了他。老百姓都恨透了。李自成进入洛阳以后，把老福王杀掉了。小福王由崧（这也不是个正派人）逃到南京。当时在南京掌握军事实权的是过去和魏忠贤有关系的阉党人物马士英，替他出主意的也是一个阉党分子，叫阮大铖，他们把小福王抓到手中，把他捧出来做皇帝。可是政府里面另外一批比较正派的人，像史可法、高弘图、姜日广等主张立潞王（常涝）做皇帝。这个人比较明白清楚。但马士英他们先走了一步，硬把福王捧出来做了皇帝。这样，在南京小朝廷里又发生了东林党与非东林党之争。因为马士英和阮大铖是当权的，史可法被排挤出去，去镇守扬州。在清军南下的时候，史可法坚决抵抗，在扬州牺牲了。马士英和阮大铖在南京搞得不像样，清军一步步逼近南京。这时候小福王在做什么呢？在跟阮大铖排戏。也就在这个时候，上面说的四公子就起来反对阮大铖，他们出布告，揭露阮大铖过去是魏忠贤的干儿子，名誉很不好，做了很多坏事，不能让他在政府里当权，号召大家起来反对他。南京国子监的学生也支持他们的主张，这样就形成为一个学生运动。侯朝宗这些人虽然得到广大知识分子的支持，但是他们根本没有实力。而马士英、阮大铖有军事力量。结果有的人被逮捕了，有的人跑掉了。不久之后，清军占领南京，小福王的政权也就被消灭了。

党争从 1594 年开始，一直到 1645 年，始终没有停止过。无论是在政治问题上，还是在军事问题上，都争论不休。这种争论是什么性质的呢？这是地主阶级内部的矛盾。开始是东林党和齐、楚、浙三党之争，后来演变为东林党与阉党之争。由于东林党的主张在某些方面是有利于当时的生产和发展的，因此他们得到了人民的支持。但是反过来说，所有的东林党人都反对农民起义。这是他们的阶级本质决定的。譬如史可法这个历史人物，从他最后这段历史来说是应该肯定的。那时候，清军南下包围扬州，他的军事力量很薄弱，也得不到南京的支持，孤军据守扬州。但他宁肯牺牲不肯投降。这是有民族气节的人，也就是毛主席所说的有骨气。我们中国人是有骨气的，史可法就是这种有骨气的代表人物。但是他以前的历史就不好追究了。他以前干什么呢？镇压农民起义。在阶级斗争极为尖锐的时候，这些人的阶级立场是极为清楚的，反对农民起义，镇压农民起义。即使在他抗拒清军南下的时候，还要反对农民起义。有没有同情农民起义呢？没有。不可能要求统治者来同情被统治者的反抗。

对于这样一段党争的历史，要具体分析，具体研究。党争跟明朝的政治制度有关系。明太祖在洪武十三年（1380）取消了宰相，取消了中书省，搞了几个机要秘书到内廷来办事情。到明成祖时搞了个内阁，这是个政府机构。内阁的权力越来越大，代替了过去的宰相，虽然没有宰相之名，但是有宰相之实。至于给皇帝个人办事的有秘书，就是在宫廷里面设立一个机构，叫作"司礼监"。这是一个内廷机构，不是政府机构。司礼监有一个秉笔太监，皇帝要看什么政府报告，让秉笔太监先看；皇帝要下什么书面指示，也让秉笔太监起稿。皇帝年纪大一些、知识多一些的，还能辨别是非，是不是同意，他自己有主见。可是一些年轻的皇帝就搞不清楚，结果司礼监的秉笔太监就操纵政治，掌握了政权。因为用人和行政的权力都给了司礼监，结果形成了明朝后期的太监独裁。在明朝历史上有很多坏太监，像明英宗时代的王振、明武宗时代的刘瑾、天启时代的魏忠贤等。太监当家就造成了政府与内廷之争，也就是统治阶级内部地主阶级知识分子与太

监争夺政权的斗争。明朝后期五十年的东林党与非东林党之争就
是在这样的背景之下进行的。

随着太监权力的扩大，不但中央被他们控制了，地方也被他
们控制了。洪武十三年（1380）以后，地方上设有三司（都指
挥使司、布政使司、按察使司）。三司是各自独立的，都受皇帝
的直接指挥。到了永乐时代，当一个地区发生了军事行动，像
农民起义或其他的群众斗争爆发的时候，这三个司往往意见不
统一，各管各的。结果只好由中央政府派官员去管理这个地方的
事。这个官叫巡抚。巡抚是政府官员，常常是由国防部副部长即
兵部侍郎担任。巡抚出去巡视各个地方，事情完了就回来。可是
由于到处发生农民战争和民族与民族之间的战争，这个官去了以
后就回不来了，逐渐变成一个地方的常驻官了。因为巡抚是中央
派去的，所以他的地位在三司之上。过去三司使是地方上最大的
官，现在三司使上面又加了一个巡抚。但这能不能解决问题呢？
还是不能解决问题。为什么呢？因为巡抚只能指挥这一个地区的
军事行动，比如浙江的巡抚就只能管浙江这一个地方。可是遇到
军事行动牵涉到几个省的时候，这个巡抚就不能管了。于是又派
比巡抚更高的官，即派国防部部长——兵部尚书出去做总督。总
督管几个省或一个大省。有了总督之后，巡抚就变成第二等官
了，三司的地位则更低了。可是到了明朝后期，总督也管不了
事。为什么呢？因为战争扩大了，农民战争和辽东的战争往往牵
涉五六个省。五六个省就往往有五六个总督，谁也管不了谁。结

果只好派大学士出去做督师，总督也归他管。这是一方面。另一方面，明朝为了镇压各地人民的反抗，就派军官到各地去镇守，叫作总兵官，也就是总指挥。统治者对总兵官不放心，怕他搞鬼，因此总是派一个太监去监督，叫作监军。哪个地方有总兵官，哪个地方就有监军。监军可以直接向皇帝写报告，因为他是皇帝直接派出去的。因此，不但总兵官要听他的话，就是像巡抚这一类的地方官也要听他的话。这样，就形成了中央和地方都是太监当家的局面，明朝的政治变成太监的政治了。此外，明朝的皇帝贪图享受，为了满足自己生活上的欲望，哪个地方收税多，就派一个太监去；哪个地方有矿藏，也派一个太监去，叫作"税使""矿使"。全国的主要矿区，东北起辽东，西南到云南，以及武汉、苏州等大城市都有税使、矿使搜刮民脂民膏。这些太监很不讲道理，他们的任务就是弄钱。他们根本不懂得什么是矿，更不懂得怎么开采，却要开矿。只要听说这个地方有金矿就要开，而且规定要在这里开三百两、五百两。如果开不出来怎么办？就要这个地方的老百姓来赔。老百姓要反抗，他就说你的房子下面有矿，把房子拆了开矿。收税也很厉害。苏州有很多机户，纺织工人数量很大。他们要加税，每一张织机要加多少钱。老百姓交不起就请愿。请愿也不行。结果就起来反抗，把太监打死，形成市民暴动。苏州市民暴动出了一个英雄人物，叫作葛贤。这个人后来被杀了。因为明朝政府要屠杀参加暴动的市民，他挺身出来顶住了。不仅在苏州，在武汉、辽宁、云南各个地方都发生了市

民暴动。有的地方把太监赶跑了，有的地方把太监下面的人逮住杀了。市民暴动是明朝后期历史的一个特征。人民的生活日益困难，不但农民活不下去，城市工商业者也活不下去了，他们便起来反对暴政。

因此，当时一些比较有见解的政治家，就在政治上提出了一些主张。譬如大家知道的海瑞就是这样。他提出了什么主张呢？他做苏州巡抚时，管理江苏全省和安徽的一部分。这个地区的土地情况怎样呢？前面说到明朝初年土地比较分散，阶级斗争比较缓和。可是一百多年以后，情况改变了，土地全部集中在大地主、大官僚的手中，而且越来越集中。就在海瑞所管辖的地区松江府，出了一个宰相叫徐阶，他就是一个大地主，家里有二十万亩土地。土地都被大地主占有，农民没有土地，只能逃亡。土地过分集中，使农民活不下去，阶级矛盾越来越尖锐。海瑞看出了毛病，他想缓和这种情况。当然，他不能也不知道采取革命的手段。他采取什么办法呢？他认为要解决人民的生活问题，要使人民不去搞武装斗争反对政府，就必须使这些穷人有土地可种。土地从哪里来呢？土地都在大地主手里，而大地主之所以取得这些土地，主要的手段是非法强占。因此他提出这样一个政治措施：要求他管辖地区内的大地主阶级，凡是强占的土地一律退还给老百姓，使老百姓多多少少有一些土地可以耕种，能够活下去。这样来缓和阶级矛盾。他坚决主张这种做法。这一来，大地主阶级就联合起来反对他，结果这个苏州巡抚只做了半年多，就被大地主阶级赶跑了。海瑞的办法能不能解决当时的土地问题？当然不可能。把大地主阶级强占的一部分土地归还给老百姓能不能稍微缓和一下阶级矛盾呢？可以缓和一下。可是办不到，因为地主阶级不肯放弃他们已经到手的东西。海瑞是非失败不可的。类似海瑞这样的政治家当时还有没有呢？有的。他们也感到了阶级矛盾和阶级斗争的严重性，认为这个政权维持不下去。但是能不能提出一个解决的办法呢？谁也没有办法。不但统治阶级，就连农民起义的领袖也提不出解决的办法来。

阶级矛盾日益尖锐的结果，最后形成了明末的农民大起义。崇祯时代，各地方的农民都起来斗争，最后形成两支强大的军事力量，一支以李自成为首，一支以张献忠为首。他们有没有明确地提出解决阶级矛盾的办法呢？也没有。李自成后期曾经提出"迎闯王，不纳粮"的口号争取广大农民的支持，结果他的队伍一下子就发展到一百多万，农民、小手工业者、城市贫民都跟着他走。但是不纳粮也不能解决问题。现在有一个材料，就是山东有一个县，李自成曾经统治过那个地方，当时有人主张分田给百姓。分了没有呢？没有分。他提不出明确的办法，不但提不出消灭地主阶级的根本方针，甚至连孙中山那样的"平均地权"的办法也提不出。所以消灭封建剥削、消灭地主阶级这个根本问题，在古代历史上的任何时期都不能解决。不但地主阶级知识分子、官僚提不出解决办法，就是反对封建地主阶级的农民起义领袖也提不出解决的办法，这个问题只有在我们这个时代才能解决。我

们研究过去的农民革命、农民起义时，不能把我们今天的思想意识强加于古人。我们这个时代能办到的事，不能希望古人也能办到。否则，就是非历史主义的观点。目前史学界在有些问题上存在一些偏向，总希望把农民起义的领袖说得好一些，说得完满一些，不知不觉地就把自己所理解的东西加在古人身上。这是不科学的、非马克思主义的观点。我们只能根据历史事实来理解、来解释、来研究和总结历史，而不可以采取别的办法。

附带讲一个小问题。前面提到巡按御史，到底巡按御史是个什么官？我们经常看京戏，很多京戏里都有这么一个官。所谓八府巡按，威风得很。他是干什么的呢？我们前面讲过御史，就是十三道御史，是按照行政区划设置的。每一道御史的职务就是监察他这个地区的官吏和政务。同时，中央有一个机构叫都察院。都察院的官吏叫左右都御史，左右都御史下面是左右副都御史，左右副都御史下面是左右佥都御史，再下面就是御史和巡按御史。巡按御史是由都察院派出去检查地方工作的。凡是地方官有违法失职的，他们有权提出意见来。他们还可以监察司法工作，有的案子判得不正确，他们可以提出意见。老百姓申冤的，地方官那里不能解决问题，可以到巡按御史这里来告。这就是戏上八府巡按的来源。御史的官位大不大呢？不大，只是七品官。当时县官也是七品官。知识分子考上进士以后，有一批人就分配做御史。御史管的事情很少，可是在地方上有很高的职权。为什么呢？因为他代表中央，代表都察院，是皇帝的耳目之官。建立这样一种制度的目的是什么呢？目的是想通过巡按御史的监察工作，来缓和当时人民和政府之间的矛盾，解决一些问题；贪官污吏，提出来把他罢免；冤枉的案子，帮助平反。于是老百姓对这样的官员寄予很大的希望，希望他们能帮助自己申冤。这种愿望，在当时的一些文学作品中得到了反映。虽然这些人在实际政治生活中并没有解决什么问题，但是一些文学家、艺术家在一定程度上反映了人民的要求，创作了许多这类题材的作品，特别是明、清两代有很多剧本是反映这个思想的。这些作品大体上有这样一些共同的内容：一类是描写老百姓受了冤枉，被大地主、大官僚陷害，被关起来或者判处了死刑，最后由一个巡按给他翻了案。或者是描写皇庄的庄头作威作福，不但庄田范围以内的佃农，就是庄田附近的老百姓也受他们的欺侮。姑娘被抢走了，家里面的东西被抢走了，后来遇上侠客打抱不平，或者清官出来把问题解决了。在明朝后期和清朝前期，有不少的小说、剧本是描写这些恶霸、庄头的残暴行为的。这是一类。另一类作品反映了当时知识分子的出路问题。当时的知识分子无非是通过考试中秀才、中举人、中进士。中了进士干什么呢？当巡按御史。因此有很多作品是这样的题材：一位公子遇难，在后花园里遇到一位小姐。小姐赠送他一些银子。之后上北京考上了进士，当上了八府巡按。最后夫妻团圆。这个时期的文学作品大体上有这几方面的题材，反映了这个时期的政治生活、阶级斗争的一些问题。

建州女真问题

　　建州女真的历史和明朝一样长。在明朝初期和中期的时候，建州女真是服从明朝的。从明朝初年起一直到努尔哈赤的时候都是这样，努尔哈赤曾经被明朝封为"龙虎将军"。但是清军入关以后，清朝皇帝忌讳这段历史，他们不愿意让人们知道他们的祖先和明朝有关系。因此，清朝写的一些历史书把这几百年间建州女真和明朝的关系整个取消了，把这段历史的真实情况隐瞒起来，说他们的祖先从来就是独立的，跟明朝没有关系。凡是记载他们的祖先与明朝的关系的历史书，他们都想办法搜来毁掉。《四库全书总目提要》里有一部分禁毁书目，大体上有两类：一类是书里面有某些文章对清朝表示不满的；另一类就是牵涉到清朝的祖先的。这也是一种地方民族主义思想在作怪。因此这一段历史很长时间被埋没了。最近二三十年才有人进行研究。

现在讲讲建州女真这个部族的发展变化。建州在过去叫女真，金朝就是女真族建立的。建州女真就是金的后代。为什么叫建州呢？因为他们居住的地区长白山一带就叫建州。后来努尔哈赤统治了东北，建立了政权，国号仍称为"后金"。到了他儿子的时候才改国号为"清"。建州女真在明朝初年的时候，还没有进入农业社会，还不知道种地，生产很落后，文化当然也很落后。那时他们靠什么生活呢？靠打猎、采人参过活。把兽皮、人参一些奇特的物产跟汉人、朝鲜人交换他们所需要的布匹、铁锅一类的东西。所以建州人的经济生活跟汉人、朝鲜人分不开。后来由于人口的增加，对粮食的生产感到很迫切了。但是他们自己不会种，怎么办呢？找汉人、朝鲜人替他们种。于是通过战争把汉人、朝鲜人俘虏过去做他们的奴隶。有大量的汉文和朝鲜资料说明建州族的农业生产是农奴生产。建州贵族自己是不参加农业劳动的。农奴也不是他们本族人，而是俘虏来的汉人和朝鲜人。

他们通过以物换物的方法从汉人那里取得铁器。到了十五世纪后期，他们俘虏了一些汉人铁匠，自己开始开矿、炼铁。有了铁器，生产水平提高了。到了努尔哈赤的时候，通过战争把原来的许多小部族统一起来，定居在辽阳以南一个叫赫图阿拉的地方。努尔哈赤一方面统一了东北的许多部族，另一方面他又用很大的力量来接受汉人的文化。在他左右有一批汉族的知识分子。他和过去的封建帝王一样，注意研究历史，接受历史上的经验教训，来制定他的政策方针和军事斗争方针。

上面简单地谈了一下建州女真的社会发展过程。现在我们来讲讲建州女真跟明朝的关系。在明朝初期，建州女真分为三种：

分布在现在的松花江一带的叫海西女真。因为松花江原来的名字叫海西江。分布在长白山一带的叫建州女真。因为这些人主要居住在现在的依兰县。这个地方在历史上曾建立过一个国家，叫作"渤海国"。渤海国人把依兰县称为建州，因此住在这个地方的女真人称为建州女真。住在东方沿海一带的叫野人女真。野人女真的文化最落后。海西和建州又称为熟女真。野人女真又称为生女真。野人女真经常活动在忽剌温江一带，因此野人女真又称为忽剌温女真，也叫"扈伦"。从历史发展来看，熟女真是金的后代，生女真可能是另外一个种族。这三种女真分布的地区大致是这样：东边靠海，西边和蒙古接近，南边是朝鲜，北边是奴儿干（现在的库页岛）。在明朝建国以后，西边就是明朝，南边是朝鲜，北边是蒙古。

在明朝几百年间，东北建州族的历史也就是跟蒙古、朝鲜、明朝三方面发生关系的历史。明朝初期，有一部分建州族住在朝鲜境内，他们和朝鲜的关系很深，有一些酋长还由朝鲜政府封他们的官。同时，这些酋长又和明朝发生关系，明朝也给他们封官号。明朝对这三种女真采取什么政策呢？采取分而治之的政策。所谓分而治之就是不让他们团结成为一个力量，老是保持若干个小的单位。所以从明太祖建国以后起，直到明成祖的几十年间，明朝经常派人到东北地区去，跟三种女真的各个地区的酋长联系，封他们的官，建立了一百多个卫所，用这些酋长充当卫所的指挥使。这样做对这些女真族的上层分子有没有好处呢？有好处，他们接受了明朝廷的官位以后，就得到了一种权力。明朝政府给他们一种许可证，当时叫作"勘合"。有了这种"勘合"就可以在每年一定的时候到明帝国边界来做买卖。没有这个东西就不行。对那些大头头，明朝政府就封他们为都督。历史上最早的建州族领袖有这么几个人，一个叫猛哥帖木儿（这是蒙古名字，当时受蒙古的影响），另一个叫阿哈出。这两个人是最先跟明朝政府来往，受明朝政府封官的。猛哥帖木儿后来成为明朝政府所建立的建州左卫的酋长，阿哈出是建州卫的指挥使。根据朝鲜的历史记载，阿哈出和明成祖有过亲戚关系（这点在汉文的记载中没有）。永乐时代，明朝政府又派了大批官员到东北库页岛地区建立了一个机构，叫"奴儿干都司"。至此，明朝政府前前后后在东北地区建立了一百八十四个卫所。这些卫所建立以后，明朝政府有什么军事行动，譬如跟蒙古打仗，这些建州酋长就派兵参加明朝政府的军队。这样，他们慢慢由原住的地方往西移，越来越靠近辽东（就是现在的辽东半岛）。他们一方面跟明朝政府的关系很好，另一方面也经常发生矛盾。矛盾表现在两个方面：一方面是前面所说的，他们为取得农业和手工业生产的劳动力，就俘虏汉人，这样就引起了冲突；另一个就是通商，物资上的交换得不到满足的时候，也发展成为军事冲突。同样，建州和朝鲜的关系也是如此，有和平时期，也有战争时期。

　　经过几十年以后，原来的一百八十四个单位发生了变化，有的小单位并到大单位里去了，单位的数目减少了，但是军事力量却强大起来了。在这种情况下，建州族某些酋长有时就依靠朝鲜来抗拒明朝政府，有时又依靠明朝政府来抗拒朝鲜。结果，明朝政府便跟朝鲜政府商量，在 1438 年，两方面的军队合起来打建州，杀了一些建州领袖。建州因为遭受到这次打击，在原来的地方待不下去了，于是就搬到浑河流域，在赫图阿拉的地方住下来。原来左右卫是分开的，到了这里以后，两个卫所合在一起了。这样，它的力量反而比过去更强大了。到了万历时代，右卫酋长王杲和他的儿子阿台跟明朝政府发生了冲突。当时明朝在东北的军事总指挥叫李成梁。他是朝鲜族人，是一个很有名的军事将领。他把王杲、阿台包围起来。右卫被包围了，而左卫酋长叫场和他的儿子塔失是依靠明朝的，他们给李成梁当向导。结果明朝政府的军队大举向右卫进攻，把王杲、阿台杀死了。同时把叫场、塔失也杀死了。塔失的儿子是谁呢？就是努尔哈赤。所以努尔哈赤以后起兵反对明朝时提出了七大恨，其中有一条就是明朝政府把他的父亲和祖父杀害了。

努尔哈赤在他父亲和祖父死时还很年轻，当时部族里剩下的人很少了，明朝后期的历史记载说李成梁把他收养下来。所以他从小就接受了汉族文化。长大以后，他就把自己部族的力量组织起来。他采取依靠明朝的方针，把建州族俘虏的汉人奴隶送回给明朝，这样便取得了明朝政府的信任。1587 年，他以自己的军事力量把附近地区的部族吞并了。1589 年努尔哈赤被明朝政府封为都督，力量得到了发展。这个时候，建州部族里面另外两支强大的军事力量发生冲突和残杀，努尔哈赤就利用这次冲突来发展自己的实力。日本侵略朝鲜的时候，他表示愿意帮助明朝打日本。结果明朝和朝鲜都拒绝了他。1595 年，明朝政府封努尔哈赤为龙虎将军，他成了东北地区军事实力最强大的领袖。

正当努尔哈赤的力量越来越强大的时候，明朝政府内部出现了许多问题。1589年，播州土司起兵反抗明朝，打了十几年的仗。1592年在现在的宁夏地区，少数民族的反抗又引起了战争。同一年丰臣秀吉侵入朝鲜，接连打了七年仗。在这样的情况下，明朝自己的问题很多，就顾不上努尔哈赤了。努尔哈赤利用这个机会更加积极地发展自己的力量，统一各个部族。他统一的方法有两个：一个办法是用军事力量征服；另一个办法是通婚，通过婚姻关系把许多部族组织起来。到了1615年，东北辽东半岛以东的大部分地区已经被努尔哈赤所统一了。军事力量壮大以后，他建立了自己的军事制度。1600年，他规定三百人组成一个牛录（大箭的意思）。1615年又进一步把五个牛录组成为一个甲喇，五个甲喇组成为一个固山。他一共有四个固山。每一个固山有一面旗，分为红、黄、蓝、白四个旗，共有三万兵力。后来军事力量更加强了，俘虏的人更多了，于是又增加了四个旗，就是镶红旗、镶黄旗、镶蓝旗、镶白旗。一共为八个旗。后来征服了蒙古族，组成为蒙古八旗。再后来又把俘虏的汉人组成为汉军八旗。他的军事组织跟生产组织是统一的，每一个牛录（三百人）要出十人、四头牛来种地，每家要生产一些工艺品。1659年开始开金矿、银矿，并建立了冶铁手工业。这一年他创造了文字，用蒙古文字和建州语创造了一种新的文字。这种文字后来就成为老满文。加上标点就变成新满文。万历四十四年（1616），努尔哈赤自称为皇帝，国号"后金"，年号"天命"，他认为他的一切都是

上天的指示。他这个家族自己创造了一个姓，叫"爱新觉罗"。爱新觉罗是什么意思呢？在建州话里，爱新是金，觉罗是族，就是金族。用这个来团结组织东北女真族的力量。他的国号和姓就说明他是继承金的。两年以后，他出兵攻打明朝政府。以上讲的就是努尔哈赤以前东北建州的具体情况。这些情况说明什么呢？

（1）建州这个部族并不是像清朝的史书上所记载的那样，是从努尔哈赤才开始的。而是从明朝初年起，建州族就在东北地区活动。

（2）建州族和明朝、蒙古贵族、朝鲜三方面都有关系。可以明显地看出，猛哥帖木儿就是蒙古贵族名字。汉族、蒙古贵族、朝鲜的文化对它都有影响。它接受了这几方面的东西提高了自己。

（3）明朝对东北女真族的政策是分而治之，但这个政策后来失败了。女真各部要求团结，从生活和文化的提高来说，从加强军事力量来说，都需要团结在一起。尽管中间遭到一些挫折，但是并不能阻止三种女真的团结。努尔哈赤一生的活动主要是为了实现这个愿望，他统一了东北许多部族。统一是好事还是坏事呢？应该说是好事情，不是坏事。努尔哈赤统一东北的各个部族，在民族发展的历史上是有贡献的。

（4）东北建州部族社会发展的过程是：初期过着游牧生活，不善于耕种。后来俘虏汉人、朝鲜人去耕种，有了农业生产；同时也懂得了使用铁器、生产铁器，初步提高了自己的生活水平和生产水平。努尔哈赤取得了沈阳、辽阳以后，封建化的过程加快了，在很大的程度上接受了汉人的文化和生产方式。但是必须了解，建州族在其发展过程中是有自身的特点的。上面所说的八旗，表面上是军事组织，实际上是社会组织和生产组织，这三者是统一的。八旗军队在出去打仗的时候，明确规定俘虏到的人口和物资应该拿出一部分交给公家，剩下的才归自己。在努尔哈赤时代，八旗的头子还都有很大的权力，许多事情都要经过他们共同商量，取得他们的同意后才能做出决定。这种情况一直到努尔哈赤的儿子清太宗的时候才改变，才提高了皇帝的地位，而把八旗首领的地位降低了。

最后讲讲"满洲"这个名字的来源问题。这个名字到底是从什么地方来的？这个问题现在还没有完全解决。根据明朝的历史记载，在清太宗以前从来没有出现过"满洲"这个名字。一直到清太宗时才称"满洲"。后来又称为"满族"。在外国的地图上把中国的东北叫满洲，后来我们自己也跟着外国人这样叫。现在可能的解释是：建州族信仰佛教。佛教里有一个佛叫作"文殊"。满族人把文殊念作"满住"。1348 年明朝政府跟朝鲜合起来打建州，很多建州人被杀，其中有一个领袖就叫李满住（女真族里有不少人叫满住，用宗教上的名词作为自己的名字）。可能满洲就是从满住演变而来的。从文殊演变为满住，又从满住演变为满洲。这是一个试探性的解释，还不能说是科学的结论。其他方面的材料还没有。因此，究竟为什么叫满洲，现在还不能下最后的结论。

以上我们介绍了建州的一些情况。我们对待汉族和满族的关系，也应该像对待汉族和蒙古族的关系一样。在明朝，汉族和满族之间是打过仗，但是更多的时候是不打仗的。清太宗改国号为清，到清世祖顺治元年（1644）入关，正式建立了清朝。清朝统治中国二百多年，它是中国历史上最后的一个王朝。清朝末年一些革命党人进行反满斗争，出了不少的书，宣传清朝的黑暗统治，宣传反满。这在那个时期是必要的。可是经过几十年，到了现在我们如果还是这样来对待满族就不应该了。我们是多民族的国家，各个民族一律平等。一方面要承认清朝进行过多次非正义的战争，有过黑暗统治；另一方面也要承认清朝统治的二百多年并不都是黑暗时代，其中有一个时期的历史是很辉煌的。譬如像康熙、乾隆时代就是清朝的全盛时代，这个时代不但巩固了国家的统一，而且有所发展。我们中国今天的疆域是什么时候造成的？是康熙、乾隆时代奠定的。我们继承了他们的遗产。所以毛主席说："今天的中国是历史的中国的一个发展，……我们不应当割断历史。"我们对清朝的历史必须要有公正的评价，对康熙、乾隆巩固国家的统一、发展国家的统一也要有公正的评价。应该给它以应有的尊重。不但对历史应该给予应有的尊重，今天在民族关系上也应该注意这点。解放以后，中央曾经发出过这样的指示，就是"满""清"两个字不要连用。清朝就是清朝，满族就是满族。要把清朝统治者和广大的满族人民区别开，并不是所有的满族人都是清朝的统治者。满族人民在清朝统治下同样是受剥削、受压迫的。至于清朝统治者，他们做过坏事，但是也做过好事，而且做了很大的好事。应该从历史事实出发，好就是好，不好就是不好。

第三章

治国智慧：找准权力的平衡点

就历史而论，具有现代意义的治法的成文法，加于全国国民的有各朝的法典，法意因时代而不同，其尤著者有唐律和明律。加于治国者虽无明文规定，却有习俗相沿的两句话："国以民为本，民以食为天。"

治人与法治

历史上的政治家经常提到的一句话是："有治人，无治法。"意思是徒法不足以为治，有能运用治法的治人，其法然后足以为治。法的本身是机械的，是不能发挥作用的，譬如一片沃土，辽阔广漠，虽然土壤十分宜于种植，气候也合宜，但假如不加以人力，这片地还是不能发挥生产作用。假如利用这片土地的人不是一个道地有经验的农人、一个种植专家，而是一个博徒、游手好闲的纨绔子弟，一曝十寒，这片土地也是不会有好收成的。反之，这块好地如能属于一个勤恳精明的老农，有人力，有计划，应天时，顺地利，耕耨以时，水旱有备，丰收自然不成问题。这句话不能说没有道理，就历史的例证看，有治人之世是太平盛世，无治人之世是衰世、乱世。因之，有些人就以之为口实，主

张法治不如人治。

反之，也有人主张："有治法，无治人。"法是鉴往失，顺人情，集古圣先贤遗教，全国聪明才智之士的精力，穷研极讨所制成的。法度举，纪纲立，有贤德的领袖固然可以用法而求治，相得益彰，即使中才之主，也还可以守法而无过举。环境不变的时候，法有永久性；假定环境改变了，法也有伸缩性，前王后王不相因，变法以合时宜所以成后王之治，法之真精神、真作用即在其能变。所谓变是因时以变，而不是因人以变。至于治人则间世不多得，有治人固然能使世治，但是治人未必能有治人相继。尧、舜都是治人，其子丹朱、商均却都不肖；晋武帝、宋文帝都是中等的君主，晋惠帝却是个白痴，元凶劭则禽兽之不若。假使纯以人治，无大法可守，寄国家民族的命运于不肖子、白痴、低能儿、枭獍之手，其危险不问可知。以此，这派人主张法治，以法纲纪国家，全国人都应该守法，君主也不能例外。

就人治论者和法治论者所持论点而论，两者都有其颠扑不破的理由，也都有其论据上的弱点。问题是人治论者的治人从何产生，在世业的社会组织下，农之子恒为农。父兄之教诲，邻里之启发，日兹月兹，习与性成，自然而然会成为一个好农人，继承父兄遗业，纵然不能光大，至少可以保持勿失。治人却不同了，子弟长于深宫，习于左右，养尊处优，不辨菽麦，不知人生疾苦，和现实社会完全隔绝。中才以上的还肯就学，修身砥砺，有一点儿教养，却无缘实习政事，一旦登极执政，不知典故，不识是非，任喜怒爱憎，用左右近习，上世的治业由之而衰，幸而再传数传，一代不如一代，终致家破国灭，遗讥史册。中才以下的更不用说了，溺于邪侈，移于嬖幸，骄悍性成，暴恣自喜，肇成祸乱，身死国危，史例之多，不可胜举。治人不世出，治人之子不必贤，而治人之子却依法非治国不可，这是君主世袭制度所造成的人治论者的致命打击。法治论者的缺点和人治论者一样，以法为治固然是天经地义，问题是如何使君主守法，过去的儒家、法家都曾费尽心力，用天变来警告，用人言来约束，用谏官来谏诤，用祖宗成宪来劝导。可是这些方法只能诱引中才以上的君主，使之守法；对那些庸愚刚愎的下才，就无能为力了。法无废君之条，历史上偶尔有一两个例子，如伊尹放太甲、霍光废昌邑，都是不世出的惊人举动，为后来人所不敢效法。君主必须世袭，而世袭的君主不必能守法，虽有法而不能守，有法等于无法，法治论者到此也技穷而无所措手足了。

这两派所持论点的弱点到二十世纪算是解决了，解决的枢纽是君主世袭制度的废除。就人治论者说，只要有这片地，就可以找出一个最合于开发这片地的条件的治人，办法是选举。选出的人干了几年无成绩或成绩不好，换了再选一个。治人之后必选治人相继，选举治人的全权操在这片地的全数主人手上。法治论者的困难也解决了，由全数主人建立一个治国大法，然后再选出能守法的治人，使之依法管理，这被选人如不守法，可由全数主人的公意撤换，另选一个能守法的继任。以人治，亦以法治，治人

受治于法，治法运用于治人，由治法而有治人，由治人而例行法治，人治论者和法治论者到此合流了，历史上的争辩亦解决了。

就历史而论，具有现代意义的治法的成文法，加于全国国民的有各朝的法典，法意因时代而不同，其尤著者有唐律和明律。加于治国者虽无明文规定，却有习俗相沿的两句话："国以民为本，民以食为天。"现代的宪法是被治者加于治国者的约束，这两句话也正是过去国民加于治国者的约束。用这两句话作为尺度，衡量历史上的治国者，凡是遵守约束的一定是治人，是治世；反之是乱人，是乱世。这两句话是治法，能守治法的是治人。治人以这治法为原则，一切施政，以民为本，裕民以足食为本，治民以安民为本，事业以国民的利害定取舍从违，因民之欲而欲之，因民之恶而恶之，这政府自然为人民所拥戴爱护，国运也自然炽盛隆昌。

历史上的治人试举四人为例说明，第一个是汉文帝，第二个是魏太武帝，第三个是唐太宗，第四个是宋太祖。

汉文帝之所以为治人，是他能守法和爱民。薄昭是薄太后弟，文帝亲舅，封侯为将军，犯法当死，文帝绝不以至亲曲宥，流涕赐死，虽然在理论上他是有特赦权的。邓通是文帝的弄臣，极为宠幸，丞相申屠嘉以通小臣戏殿上大不敬，召通诘责，通叩头流血不解，文帝至，遣使谢丞相，并不因幸臣被屈辱而有所偏护。至于对人民的爱护，更是无微不至，劝农桑，敦孝悌，恭俭节用，与民休息，达到了海内殷富、刑罚不用的境界。

魏太武帝信任古弼，古弼为人忠慎质直，有一次为了国事见太武帝面奏，太武帝正和一贵官围棋，没有理会。古弼等得不耐烦，大怒起捽贵官头，掣下床，搏其耳，殴其背，数说"朝廷不治，都是你的罪过"。太武帝失容，赶紧说："都是我的过错，和他无干。"忙谈正事，古弼请求把太宽的苑囿，分大半给贫民耕种，太武帝也满口答应。几月后太武帝出去打猎，古弼留守，奉命把肥马当作猎骑，古弼给的全是瘦马，太武帝大怒说："笔头奴（古弼头尖，太武帝形容为笔头）敢克扣我，回去先杀他。"古弼却对官属说："打猎不是正经事，我不能谏止，罪小。军国有危险，没有准备，罪大。敌人近在塞外，南朝的实力也很强，好马应该供军，弱马供猎，这是为国家打算，死了也值得。"太武帝听了，叹息说："有臣如此，国之宝也。"过了几日，又去打猎，得了几千头麋鹿，兴高采烈，派人叫古弼征发五百乘民车来运。使人走后，太武帝想了想，吩咐左右曰："算了吧，笔公一定不肯，还是自己用马运吧。"走到半路，古弼的信也来了，说正在收获，农忙，迟一天收，野兽鸟雀风雨侵耗，损失很大。太武帝说："果不出我所料，笔公真是社稷之臣。他不但为民守法，也为国执法，以为法是应该上下共守，不可变易，明于刑赏，赏不遗贱，刑不避亲。大臣犯法，无所宽假，节俭清素，不私亲戚，替国家奠定下富强的基础。"

唐太宗以武勇定天下，治国却用文治，内举不避亲，外举不避仇。长孙无忌是后兄，王珪、魏徵都是仇敌，却全是人才，一例登用，无所偏徇顾忌，忧国爱民，至公守法。《唐史记》："上以选人多诈冒资荫，敕令自首，不首者死。未几有诈冒事觉者，上欲杀之，大理少卿戴胄奏据法应流，上怒曰：'卿欲守法而使朕失信。'对曰：'敕者出于一时喜怒，法者国家所以布大信于天下也。陛下忿选人之多诈，故欲杀之，而即知其不可，复断之以法，此乃忍小忿而全大信也。'上曰：'卿能执法，朕复何忧？'"又有："安州都督吴王恪数出畋猎，颇损居人，侍御史柳范奏弹之，恪坐免官，削户三百。上曰：'长史权万纪事吾儿，不能匡正，罪当死。'柳范曰：'房玄龄事陛下，犹不能谏止畋猎，岂可独坐万纪乎？'上大怒，拂衣而入。久之，独引范谓曰：'何面折我！'对曰：'陛下仁明，臣敢不尽愚直。'上悦。"前一事他能捐一时之喜怒，听法官执法。后一事爱子犯法，也依法削户免官，且能容忍侍臣的当面折辱。法平国治，贞观之盛的基础就建立在守法这一点上。

宋太祖出身于军伍，也崇尚法治。《宋史记》："有群臣当迁官，太祖素恶其人不与，宰相赵普坚以为请，太祖怒曰：'朕固不为迁官，卿若如何？'普曰：'刑以惩恶，赏以酬功，古今通道也。且刑赏，天下之刑赏，非陛下之刑赏，岂得以喜怒专之！'太祖怒甚起，普亦随之，太祖入宫，普立于宫门口，久之不去，太祖卒从之。"皇后弟杀人犯法，依法处刑，绝不宽宥，群臣犯赃，诛杀无赦。

上引四个伟大的治人的例子，说明了治人之所以使国治，是遵绳于以民为本的治法；治法之所以为治，是在治人之尊重与力行。治人无常而治法有常。治人或不能守法，即有治法的代表者执法以使其就范，贵为帝王，亲为帝子，元舅后弟，宠幸近习，在尊严的治法之下，都必须奉法守法，行法从上始，风行草偃，在下的国民自然兢兢业业，政简刑清，移风易俗，臻于至治了。

就历史的教训以论今日，我们不但要有治法，尤其要有治人。治人在历史上固不世出，在民主政治的选择下，却可以世出继出。治人之养成，选出、罢免诸权之如何运用，是求治的先决条件。使有治法而无治人，等于无法；有治人而无治法，无适应时宜的治法，也是缘木求鱼，国终不治。

治人与治法的合一，一言以蔽之，曰：实行民主政治。

皇权的轮子——新官僚机构

　　由于历史包袱的继承，皇权的逐步提高，隋唐以来的官僚机构，以巩固皇权为目的的三省制度——中书省出命令，门下省掌封驳，尚书省主施行——中书官和皇帝最亲近，接触机会最多，权也最重。宋代后期，门下省不能执行审核诏令的任务，尚书省官只能平决庶务，不能与闻国政，三省事实上只是一省当权。到元代，索性取消门下省，把尚书省的官属六部也归并到中书省，成为一省执政的局面。地方则分设行中书省，总揽军民大政。其下有路、府、州、县，管理军民。

　　三省制的形成有它的历史背景和原因，就这制度本身而论，把政权分作三份，一个专管决策，一个负责执行，而又另有一个纠核的机构，驳正违误，防止皇权的滥用和官僚的缺失，从巩固皇权、维持现状的意义上说，是很有用的。可是，事实上，官僚政治本身破坏并导致了这个官僚机构的瘫痪，皇权和相权的冲突，更有目的地摧毁了这个官僚机构。

官僚政治特征之一是做官不做事，重床叠屋，衙门愈多，事情愈办不好，拿薪水的官僚愈多，负责做的人愈少。例如从唐以来，往往因事设官：尚书省原有户部，专管户口财政，在国计困难时，政府要张罗财帛，供应军需，大张旗鼓，特设监铁使、户部使、租庸使、国计使等官，由宰相或大臣兼任，意思是要提高搜刮的效率，可是这样一来，户部位低权轻，职守都为诸使所夺，便变成闲曹了。兵部专管军政，从五代设了枢密使以后，兵部又无事可做了。礼部专掌礼仪，宋代却又另有礼院。几套性质相同的衙门，新创的抢了旧衙门的职司，本衙门的官照例做和本衙门不相干的事，或者索性不做事。千头万绪，名实不符，十个官僚有九个不知道自己的职司。冗官日多，要官更多，行政效率也就日益低落（《宋史·职官志》）。到元代又添上蒙古的部族政治机构，衙门越发多，越发庞大，混乱复杂，臃肿不灵，瘫痪的病象在显露了。

而且就官僚的服务名义说，也有官、职、差遣之分。官是表明等级、分别薪俸的标志，职以待文学侍从之臣，只有差遣是"治内外之事"的。皇家的赏功酬庸，又有阶、勋、爵、食邑、功臣号等名目。以差遣而论，又有行、守、试、判、知、权知、权发遣的不同，其实除差遣以外，其他都是不大相干的（司马光《司马文正公传家集》卷二一《乞分十二等以进退群臣上殿札子》，钱大昕《潜研堂集》卷三四《答袁简斋书》）。

皇权和相权的矛盾，例如宋太宗讨厌中书的政权太重，分中书吏房置审官院，刑房置审刑院（司马光《涑水纪闻》卷三，李攸《宋朝事实》卷九，李焘《续资治通鉴长编》卷一二五）。为了分权而添置衙门，其实是夺相权归之于皇帝。皇帝的诏令照规矩必须经过中书门下，才算合法，所谓"不经凤阁鸾台，何谓之敕？"（《新唐书》卷一一七《刘祎之传》），用意是防止皇权的滥用。但是，这规矩只是官僚集团的规矩，官僚的任免生杀之权在皇帝，升沉荣辱甚至诛废的利害超过了制度的坚持，私人的利害超过了集团的利害。唐武后以来的墨敕斜封（手令），也就破坏了这个官僚制度，摧毁了相权，走上了独裁的道路。

朱元璋继承历代皇权走向独裁的趋势，对官僚机构大加改革，使之更得心应手地为皇家服务。

元代的行中书省是从中书省分出去的，职权太重，到后期鞭长莫及，几乎没法控制了。朱元璋要形成绝对的中央集权，洪武九年（1376）改行中书省为承宣布政使司，设左右布政使各一人，掌一区的政令。布政使是朝廷派驻地方的代表、使臣，秉承朝廷，宣扬政令。全国分浙江、江西、福建、北平、广西、四川、山东、广东、河南、陕西、湖广、山西十二布政使司，十五年增置云南布政使司〔明成祖永乐元年（1403）以北平布政使司为北京，五年置交趾布政使司，十一年置贵州布政使司。宣德三年（1428）罢交趾布政司，除两京外定为十三政使司〕。布政使司的分区，大体上继承元朝的行省，布政使的职权却只掌民政、财政，和元朝行中书省的无所不统，轻重大不相同了。而且就地位论，行省是以都省的机构分设于地方，布政使则是朝廷派驻的使臣，前者是中央分权于地方，后者是地方集权于中央，意义也完全不同。此外，地方掌管司法行政的另有提刑按察使司，长官为按察使，主管一区刑名按察之事。布、按二司和掌军政的都指挥使司合称三司，是朝廷派遣到地方的三个特派员衙门，民政、司法、军政三种治权分别独立，直接由朝廷指挥，为的是便于控制，便于统治。布政使司之下，真正的地方政府分两级：第一级是府，长官为知府，有直隶州，即直隶于布政使司的州，长官是知州。第二级是县，长官是知县，有州，长官是知州。州县是直接临民的政治单位（《明史·职官志》）。

中央统治机构的改革，稍晚于地方。洪武十三年（1380）胡惟庸案发后（《明史·胡惟庸传》，《燕京学报》十五期吴晗《胡惟庸党案考》），废中书省，仿周官六卿之制，提高六部地位；吏、户、礼、兵、刑、工每部设尚书一人，侍郎（分左、右）二人。吏部掌全国官吏选授、封勋、考课，甄别人才。户部掌户口、田赋、商税。礼部掌礼仪、祭祀、僧道、宴飨、教育及贡举（考试）和外交。兵部掌卫所官军选授、检练和军令。刑部掌刑名。工部掌工程造作（武器、货币等）、水利、交通。都直接对皇帝负责，奉行政令。

统军机关则改枢密院为大都督府，节制中外诸军。洪武十三年（1380）分大都督府为中、左、右、前、后五军都督府，每府以左、右都督为长官，各领所属都司卫所，和兵部互相表里。都督府长官虽管军籍军政，却不直接统带军队，在有战事时，才奉令出为将军总兵官，指挥作战。战争结束，便得交还将印，回原职办事（《洪武圣政记·肃军政第四》）。监察机关原来是御史台，洪武十五年（1382）改为都察院，长官是左、右都御史，下有监察御史一百一十人，分掌十二道（按照布政使司政区分道）。职权是纠劾百司，辨明冤枉，凡大臣奸邪、小人构党作威福乱政、百官猥茸贪污舞弊、学术不正，和变乱祖宗制度的，都可随时举发弹劾。这衙门的官被皇帝看作是耳目，替皇帝听，替皇帝看，有对皇权不利的随时报告。也被皇帝看作是鹰犬，替皇帝追踪、搏击一切不忠于皇帝的官民，是替皇帝监视官僚的衙门，是替皇帝检举反动思想、保持传统纲纪的衙门。监察御史在朝监视各个不同的官僚机构，派到地方的，有巡按、清军、提督学校、巡监、茶马、监军等职务。其中巡按御史算是代皇帝巡狩，按临所部，大事奏裁，小事立断，是最威武的一个差使。

　　行政、军事、监察三种治权分别独立，由皇帝亲身总其成。官吏内外互用，其地位以品级规定。从九品到正一品，九品十八级，官和品一致，升迁调用都有一定的法度。百官分治，个别对皇帝负责，系统分明，职权清楚，法令详密，组织严紧。而在整套统治机构中，互相钳制，以监察官来监视一切臣僚，以特务组织来镇压威制一切官民。都督府管军不管民，六部管民不管军。大将在平时不指挥军队，动员、复员之权属于兵部，供给粮秣的是户部，供给武器的是工部，决定战略的是皇帝。六部分别负责，决定政策的是皇帝。在过去，政事由三省分别处理，取决于皇帝，皇帝是帝国的首领。在这新统治机构下，六部府院直接隶属于皇帝，皇帝不但是帝国的首领，而且是这统治机构的负责人和执行人：历史上的君权和相权到此合一了，皇帝兼理宰相的职务，皇权由之达于极峰（《明史·职官志》）。

历史的教训使朱元璋深切地明白宦官和外戚对于政治的祸害。他以为汉朝、唐朝的祸乱都是宦官作的孽。这种人在宫廷里是少不了的，只能做奴隶使唤，洒扫奔走，人数不可过多，也不可用作耳目心腹：做耳目，耳目坏；做心腹，心腹病。对付的办法，要使之守法，守法自然不会做坏事；不要让他们有功劳，一有功劳就难于管束了。立下规矩，凡是内臣都不许读书识字。又铸铁牌立在宫门，上面刻着："内臣不得干预政事，犯者斩。"又规定内臣不许兼外朝的文武官衔，不许穿外朝官员的服装；做内廷官不能过四品，每月领一石米，穿衣吃饭官家管。并且，外朝各衙门不许和内官监有公文往来。这几条规定针对着历史上所曾发生的弊端，使内侍名副其实地做宫廷的仆役（《洪武圣政记》,《明史》《职官志》卷七四）。对外戚干政的对策，是不许后妃干政，洪武元年三月即命儒臣修《女诫》，纂集古代贤德妇女和后妃的故事，刊刻成书，来教育宫人，要她们学样。又立下规程，皇后只能管宫中嫔妇的事，宫门之外不得干预。宫人不许和外间通信，犯者处死，以断绝外朝和内廷的来往以至通信，使之和政治隔离。外朝臣僚命妇按例于每月初一、十五朝见皇后，其他时间，没有特殊缘由，不许进宫。皇帝不接见外朝命妇，皇族婚姻选配良家子女，有私进女口的不许接受。元璋的母族和妻族都绝后，没有外家，后代帝王也都遵守祖训，后妃必选自民家。外戚只是

高爵厚禄，做大地主，住大房子，绝对不许与闻政事（《明史》卷一〇八《外戚恩泽侯表序》、卷一一三《后妃列传序》、卷三〇〇《外戚传序》）。在洪武一朝三十多年中，内臣小心守法，宫廷和外朝隔绝，和前代相比，算是家法最严的了。

其次，元代以吏治国，法令极繁冗，档案堆成山，吏就从中舞弊，无法根究。而且，正因为公文条例过于琐细，不费一两年工夫，无从通晓，办公文、办公事成为专门技术，掌印正官弄不清楚，只好由吏做主张，结果治国治民的都是吏，不是官。小吏们唯利是图，毫不顾及全盘局面，政治（其实是吏治）自然愈闹愈坏。远在吴元年，朱元璋便已注意到法令和吏治的关系，指令台省官立法要简要严，选用深通法律的学者编定律令。经过缜密的商定，去烦减重，花了三十年工夫，更改删定了四五次，编成《大明律》，条例简于唐律，精神严于宋律，是中国法律史上极重要的一部法典。又为简化公文起见，于洪武十二年立案牍减烦式颁示各衙门，使公文明白好懂，文吏无法舞弊弄权。从此吏员在政治上被斥为杂流，不能做官。官和吏完全分开，官主行政，吏主事务，和元代的情形完全不同了（《明太祖实录》卷二六、一二六，《明史》卷七一《选举志》）。

和上述相关的是文章的格式。唐宋以来的政府文字，从上而下的制诰，从下达上的表奏，照习惯是骈骊四六文。尽管有很多人主张复古，提倡改革，所谓古文运动，在民间是成功了，政府却仍然用老套头。同一时代用的是两种文字，庙堂是骈偶文，民间是古文。朱元璋很不以为然，以为古人做文章，讲道理，说世务，经典上的话，都明白好懂，像诸葛亮的《出师表》，又何尝雕琢、立意写文章？可是有感情，有血有肉，到如今读了还使人感动，怀想他的忠义。近来的文士，文字虽然艰深，用意却很浅近，即使写得和司马相如、扬雄一样好，别人不懂，又有什么用？以此他要秘书——翰林做文字，只要说明白道理，讲得通世务就行，不许用浮辞藻饰（《明太祖实录》卷三九）。到洪武六年，又下令禁止对偶四六文辞，选唐柳宗元《代柳公绰谢表》和韩愈《贺雨表》作为笺表法式（《明太祖实录》卷八五）。这一改革不但使政府文字简单、明白，把庙堂和民间打通，现代人写现代文，就文学的影响也可以说很大，继韩愈、柳宗元以后，朱元璋是提倡古文最有成绩的一个人。他自己所作的文章，写得不好，有时不通顺，倒容易懂。信札多用口语，比文章好得多，想来是受蒙古白话圣旨的影响，也许是没有念过什么书，中旧式文体的毒比较轻的缘故吧。

唐宋两代还有一样坏风气，朝廷任官令发表以后，被任用的官照例要辞官，上辞官表，一辞再辞，甚至辞让到六七次，皇帝也照例拒绝，下诏敦劝，一劝再劝，甚至六七次劝，到这人上任上谢表才算罢休。辞的不是真辞，劝的也不是真劝，大家肚子里明白，是在玩文字的把戏，误时误事，白费纸墨。朱元璋认为这种做作太无聊，也把它废止了。

皇权的轮子——军队

皇权的另一个轮子是军队。

朱元璋在攻克集庆以后，厉行屯田政策，广积粮食，供给军需。和刘基研究古代的兵制：征兵制的好处是全国皆兵，有事召集，事定归农，兵员素质好，来路清楚，政府在平时无养兵之费。坏处是兵员都出自农村，如有长期战争，便影响到农村的生产。而且兵源有限制，不适合于大规模作战。募兵制呢？好处是应募的多为无业游民，当兵是职业，数量和服役的时间，可以不受农业生产的限制。坏处是政府经常要维持大量数目的常备军，军费负担太重，而且募的兵来路不明，没有宗族乡党的挂累，容易逃亡，也容易叛变。理想的办法是折中于两者之间，有两者的好处，而避免各自的坏处。主要的原则是要使战斗力量和生产力量一致。

刘基创立的办法是卫所制度（《明史》卷一二八《刘基传》）。

卫所的兵源有四种：一种是从征，即起事时所统的部队，也就是郭子兴的基本队伍。一种是归附，包括削平群雄所得的部队和元朝的投降军。一种是谪发，指因犯罪被谪发当兵的，也叫恩军。一种叫垛集，即征兵，照人口比例，一家有五丁或三丁出一丁为军。前两种是定制时原有的武力，后两者则是补充的武力。这四种来源的军人都是世袭的，为了保障固定员额的维持，规定军人必须娶妻，世代继承下去，如无子孙继承，则由其原籍家属壮丁顶补。种族绵延的原则，被应用到武装部队里来，兵营成为武装的家庭群了（《明史》卷九一《兵志》）。

军有特殊的社会身份，单独有"军籍"。在明代户口中，军籍和民籍、匠籍平行，军籍属于都督府，民籍属于户部，匠籍属于工部。军不受普通行政官吏的管辖，在身份上、法律上和经济上的地位，都和民不同，军和民是截然分开的。民户有一丁被垛为军，政府优免原籍老家一丁差徭，作为优恤。军士到戍所时，由宗族治装。在卫的军士除本身为正军外，其子弟称为余丁或军余，将校的子弟则称为舍人。日常生活概由政府就屯粮支给，按月发米，称为月粮：马军月支米二石，步军总旗一石五斗，小旗一石二斗，步军一石（守城的照数支给，屯田的支半）。恩军家四口以上一石，三口以下六斗，无家口的四斗。衣服岁给冬衣、

棉布、棉花，夏衣、夏布，出征时依例给胖袄、鞋裤（《中国社会经济史集刊》五卷二期吴晗《明代的军兵》）。

军队组织分作卫、所两级：大体上以五千六百人为卫，卫有指挥使。卫分五个千户所，所一千一百二十人，有千户（长官）。千户所分十个百户所，所一百一十二人，有百户（长官）。百户下有总旗二，小旗十，总旗领小旗五，小旗领军十人。大小联比以成军。卫所的分布，根据地理险要：小据点设所，关联几个据点的设卫。集合一个军区的若干卫所，又设都指挥使司，作为军区的最高军事机构，长官是都指挥使。洪武二十五年（1392），全国共有十七个都指挥使司，内外卫三百二十九，守御千户所六十五。首都和地方的兵力分配如下：

	武官（员）	军士（人）	马（匹）
在京	2747	206280	4751
在外	12742	992154	40329

（《明太祖实录》卷二二三）

这十七个都指挥使司又分别隶属于五军都督府。

军食出于屯田。大略是学汉朝赵充国的办法，在边塞开屯，一部分军士守御，一部分军士受田耕种。目的在于省去运输费用和充裕军食，减轻国库的负担，战斗力和生产力协调一致。跟着内地卫所也先后开屯耕种，以每军受田五十亩为一分，官给耕牛、农具。开头几年是免纳田租的，到成为熟地后，每亩收税一斗。规定边地守军十分之三守城、七分屯种，内地是二分守城、八分屯种，希望能达到自给自足的地步（宋讷《西隐文稿》卷十《守边策略》，《明史》卷七七《食货志》）。

军队里也和官僚机构一样，清廉的武官是极少见的，军士经常被苛敛剥削。朱元璋曾经愤恨地指出：

那小军每一个月只关得一担儿仓米，若是丈夫每（们）不在家里，他妇人家自去关呵，除了几升做脚钱，那害人的仓官又斛面上打减了几升。待到家里舺（音伐）过来呵，止有七八斗儿米，他全家儿大大小小要饭吃，要衣裳穿，他那里再得闲钱与人？

正军本人的衣着虽由官家支给，家属的却得自己制备，一石米在人口多的家庭，连吃饭都不够，如何还能孝敬上官？如何还能添制衣服？军士活不了，只好逃亡，只好兼营副业，做苦力、做买卖全来，军营就空了，军队的士气、战斗力也就差了。

除军屯外，还有商屯。边军粮食发生困难时，政府用"开中法"来接济。开中法是把运输费用转嫁给商人。政府有粮食有盐，困难的是运输费用过大；商人有资本也有人力，却无法得到为政府所专利的盐。开中法让商人运一定数量的粮食到边境，拿到收据，可以向政府领到等价的盐，自由贩卖，从而获取重利。商人会打算盘，索性雇人在边上开屯，就地缴粮，省去几倍的运费（《明太祖实录》卷五三、五六，《明史》卷一五〇《郁新传》）。在这

一交换过程中，不但边防充实了，政府省运费、省事，商人也发了财，皆大欢喜。而且，边界荒地开垦了，不但增加了政府的财富，也造成了地方的繁荣。

军权分作两部分：统军权归五军都督府，军令权则属于兵部。武人带兵作战，文人发令决策。在平时卫所军各在屯地操练屯田，战时动员令一下，各地卫军集合成军，临时指派都督府官充任将军总兵官，统带出征。战事结束，立刻复员，卫军各回原卫，将军交回将印，也回原任。将不专军，军无私将，上下阶级分明，纪律划一。唐宋以来的悍将跋扈、骄兵叛变的弊端，在这制度下根绝了。

朱元璋对军官军士是用十二分的注意来防范的。除开在各个部队里派义子监军，派特务人员侦伺以外，洪武五年还特地降军律于各卫，禁止军官军人于私下或明里接受公侯所与信宝、金银、缎匹、衣服、粮米、钱物，及非出征时不得于公侯之家门首侍立。其公侯非奉特旨，不得私自呼唤军人役使，违者公侯三犯准免死一次，军官军人三犯发海南充军（宋濂《洪武圣政记·肃军政第四》）。后来更进一步，名义上以公侯伯功臣有大功，赐卒一百一十二人做卫队，设百户一人统率，颁有铁册，说明"俟其寿考，子孙得袭，则兵皆入卫"，称为奴军，亦称铁册军；事实上是防功臣有二心，特设铁册军来监视的。功臣行动，随时随地都有报告，证人是现成的，跟着是一连串的告密案和大规模的功臣屠杀（沈德符《万历野获编》卷一七《铁册军》）。

在作战时，虽然派有大将军统率大军，但指导战争进行的，还是朱元璋自己，用情报、用军事经验来决定前方的攻战，甚至指挥到极琐细的军务。即使最亲信的将领，像徐达、李文忠，也是如此。例如吴元年（1367）四月十八日给徐达的手令，在处分军事正文之后，又说："我的见识只是如此，你每（们）见得高处强处便当处，随着你每意见行着，休执着我的言语，恐怕见不到处，教你每难行事。"洪武三年四月："说与大将军知道……这是我家中坐着说的，未知军中便也不便，恁只拣军中便当处便行。"给李文忠的手令："说与保儿、老儿……我虽这般说，计量中不如在军中多知备细，随机应变的勾当。你也厮活落些儿也，那里直到我都料定！"大体上指导的原则是不能更动的，统帅所有的只是极细微的修正权。

对待俘虏的方针是屠杀，如龙凤十一年（1365）十一月初五日的令旨："吴王亲笔，差内使朱明前往军中，说与大将军左相国徐达、副将军平章常遇春知会：十一月初四日捷音至京城，知军中获寇军及首目人等陆万余众，然而俘获甚众，难为囚禁，令差人前去，教你每军中，将张（士诚）军精锐勇猛的留一二万，若系不堪任用之徒，就军中暗地去除了当，不必解来。但是大头目，一名名解来。"十二年三月且严厉责备徐达不多杀人："吴王令旨，说与总兵官徐达，攻破高邮之时，城中杀死小军数多，头目不曾杀一名。今军到淮安，若系便降，系是泗州头目青幡黄旗招诱之力，不是你的功劳。如是三月已里，淮安未下，你不杀人

的缘故，自说将来！依奉施行者。"吴元年十月二十四日，因为俘虏越狱逃跑，又下令军前："今后就阵获到寇军及首目人等，不须解来，就于军中典刑。"洪武三年四月："说与大将军知道：止是就阵得的人，及阵败来降的王保保头目，都休留他一个，也杀了。止留小军儿，就将去打西蜀了后，就留些守西蜀便了。"不但俘虏，连投降的头目也一概残杀了。

有一道令旨是关于整饬军纪的，说明了这一举措的军事理由。时间是龙凤十二年三月："（张军）男子之妻多在高邮被掳，总兵官为甚不肯给亲完聚发来？这个比杀人那个重？当城破之日，将头目军人一概杀了，倒无可论，掳了妻子，发将精汉来，我这里赔了衣粮，又费关防，养不住。杀了男儿，掳了妻小，敌人知道，岂不抗拒？星夜教冯副使（胜）去军前，但有指挥、千户、百户及总兵官的伴当，掳了妇女的，割将首级来。总兵官的罪过，回来时与他说话。依奉施行者。"（王世贞《弇山堂别集》卷八六《诏令杂考二》）"男子"指的是张士诚的部队，"被掳"指的是被朱元璋自己的部队所掳。把俘虏的妻女抢了，送俘虏来，养不住，白赔粮食，白费事看守。掳了妇女，杀了俘虏，敌人知道了，当然会顽强抵抗。为了这个道理，朱元璋只好派特使去整顿军风军纪了。

第四章
制度特点：明朝的那些制度

在元朝以前，君臣之间的距离还不十分悬绝，三公坐而论道，和皇帝是师友，宋朝虽然臣僚在殿廷无坐处，却也还礼貌大臣，绝不加以非礼的行为，"士可杀不可辱"这一传统的观念，上下都能体会。蒙古人可不同了，他们根本不了解士的地位，也不能用理论来装饰殿廷的庄严。

明代的锦衣卫和东西厂

一

在旧式的政体之下，皇帝只是代表他的家族以及外环的一特殊集团的利益，比较被统治的人民，他的地位不但孤立，而且永远处在危险的边缘，尊严的神圣宝座之下，酝酿着待爆发的火山。为了家族的威权和利益的持续，他们不得不想尽镇压的法子，公开的律例、刑章，公开的军校和法庭不够用，也不便用，他们还需要造成恐怖空气的特种组织、特种监狱和特种侦探，来监视每一个可疑的人、可疑的官吏。他们用秘密的方法侦伺、搜查、逮捕、审讯、处刑。在军队中，在学校中，在政府机关中，在民间，在茶楼酒馆，在集会场所，甚至在交通孔道、大街小巷，处处都有这类人在活动。执行这些任务的特种组织，历代都

有。在汉有"诏狱"和"大谁何",在唐有"丽景门"和"不良人",在宋有"诏狱"和"内军巡院",在明有"锦衣卫"和"东西厂",在袁世凯时代则有"侦缉队"。

锦衣卫和东西厂,明人后称为厂卫。从十四世纪后期一直到十七世纪中叶,这两机关始终存在(中间曾经几度短期地废止,但不久即复设)。锦衣卫是内廷的侦察机关,东厂则由宦官提督,最为皇帝所亲信,即锦衣卫也受其侦察。锦衣卫初设于明太祖时,是内廷亲军,皇帝的私人卫队,不隶都督府。其下有南北镇抚司,南镇抚司掌本卫刑名,北镇抚司专治诏狱,可以直接取诏行事,不必经过外廷法司的法律手续,甚至本卫长官亦不得干预(王世贞《锦衣志》)。锦衣卫的正式职务,据《明史·职官志》说是"掌侍卫缉捕刑狱之事,凡盗贼奸宄街涂沟洫,密缉而时省之"。经过嘉靖初年裁汰后,缩小职权,改为"专察不轨妖言人命强盗重事"(《明史》卷九五《刑法志》)。其实最主要的还是侦察"不轨妖言","不轨"指政治上的反动者或党派,"妖言"指宗教的集团如弥勒教、白莲教、明教等。明太祖出身于香军,深知"弥勒降生"和"明王出世"等宗教传说,对于渴望改善生活的一般农民,所发生的政治作用是如何重大。他尤其了解聚众结社对现实政权有何等重大的意义和威胁,他从这两种活动中得到政权,也已为这政权立下基础,唯一使他焦急的问题是如何才能让子子孙孙永远都能不费事地继承这政权。他所感觉到的严重危机有两方面:其一是并肩起事的诸将,个个都身经百战,枭悍难制;其二是出身豪室的文臣,他们有地方的历史势力，有政治的声望，又有计谋，不容易对付。这些人在他在位的时候，固然镇压得下，但也还惴惴不安。身后的继承人呢，太子忠厚柔仁，只能守成，不能应变。到太子死后，他已是望七高龄，太孙不但幼稚，而且比他儿子更不中用，成天和一批腐儒接近，景慕三王，服膺儒术，更非制驭枭雄的角色。他为着要使自己安心，要替他儿孙斩除荆棘，便不惜用一切可能的残酷手段，大兴胡蓝党案，屠杀功臣，又用整顿吏治，治乱国用重刑的口实，把中外官吏地主豪绅也着实淘汰了一下。锦衣卫的创立和授权，便是发挥这个作用。经过几次的大屠杀以后，臣民侧足而立，明太祖觉得自己的地位已经安定了。为了缓和太过紧张的气氛，洪武二十年（1389）下令焚毁锦衣卫刑具，把锦衣卫所禁闭的囚徒都送往刑部。再隔六年，胡党蓝党都已杀完，不再感觉到政治上的逼胁了，于是又解除锦衣卫的典诏狱权，诏内外狱毋得上锦衣卫，大小案件都由法司治理。天下从此算太平了（《明史》卷九五《刑法志》）。

不到十年，帝位发生争执，靖难兵起，以庶子出藩北平的燕王入居大位，打了几年血仗；虽然到了南京，名义上算做了皇帝，可是地位仍不稳固。因为第一，建文帝有出亡的传说，宫内自焚的遗体中不能确定建文帝是否也在内，万一建文帝未死，很有起兵复国的可能。第二，他以庶子僭位，和他地位相同的十几个亲王看着眼红，保不住也重玩一次靖难的把戏（这一点在他生前算是过虑，可是到孙子登位后，果然又闹了一次叔侄交兵）。第三，当时他的兵力所及的只是由北平到南京一条交通线，其他

地方只是外表表示服从。第四，建文帝的臣下，在朝的如曹国公李景隆、驸马都尉梅殷等，在地方的如盛庸、平安、何福等都曾和他敌对作战。其他地方官吏文武臣僚也都是建文旧人，不能立刻全盘更动。更使他感觉有临深履薄的恐惧。在这样的情况之下，他得用他父亲传下的衣钵，于是锦衣卫频繁活动，一直到亡国，始终做皇帝的耳目，担任猎犬和屠夫的双重任务。

锦衣卫虽然亲近，到底是外官，也许会徇情面，仍是不能放心。明成祖初起时曾利用建文帝左右的宦官探消息，即位以后，以为这些内官忠心可靠，特设一个东厂，职务是"缉访谋逆妖言大逆等"，完全和锦衣卫相同。属官有贴刑，以锦衣卫千百户充任，所不同的是用内臣提督，通常都以司礼监秉笔太监第二人或第三人派充，关系和皇帝最密切，威权也最重（《明史》卷九五《刑法志》、卷七五《职官志》）。后虽有时废罢，名义也有时更换为西厂或外厂，或东西厂、内外厂并设，或在东西厂之上加设内行厂，连东西厂也在伺察之下，但在实际上，厂的使命是没有什么变更的。

厂与卫成为皇帝私人的特权侦探机关，其系统是锦衣卫监察、侦伺一切官民，东（西）厂侦查一切官民及锦衣卫，有时或加设一最高机构，侦探一切官民和厂卫，如刘瑾的内行厂和冯保的内厂，皇帝则直接监督一切侦缉机关。如此层层缉伺，层层作恶，人人自疑，人人自危，造成了政治恐怖。

二

厂卫同时也是最高法庭，有任意逮捕官吏平民，加以刑讯判罪和行刑的最高法律以外的权力。

卫的长官是指挥使，其下有官校，专司侦查，名为缇骑。嘉靖时陆炳官缇帅，所选用卫士缇骑皆都中大豪，善把持长短，多布耳目，所睚眦无不立碎。所招募畿辅秦晋鲁卫骈胁超乘迹射之士以千计。卫之人鲜衣怒马而仰度支者凡十五六万人（王世贞《锦衣志》）。四出迹访："凡缙绅之门，各有数人往来其间，而凡所缉访，止属风闻，多涉暧昧，虽有心口，无可辩白。各类计所获功次，以为升授。凭其可逞之势，而邀其必获之功，捕风捉影，每附会以仇其奸，非法拷讯，时威逼以强其认。"（傅维麟《明书》卷七三）结果，一般仕宦阶级都吓得提心吊胆，"常晏起早阖，毋敢偶语，旗校过门，如被大盗"（《明史》卷九五《刑法志》）。抓到了人时先找一个空庙祠宇榜掠了一顿，名为打桩，"有真盗幸免，故令多攀平民以足数者；有括家囊为盗赃，而通棍恶以证其事者；有潜种图书陷人于妖言之律者；有怀挟伪批坐人以假印之科者；有姓名仿佛而荼毒连累以死者"。访拿所及，则"家资一空，甚至并同室之有而席卷以去，轻则匿于档头火长校尉之手，重则官与瓜分"。被访拿的一入狱门，便无生理，"五毒备尝，肢体不全。其最酷者曰琵琶，每上百骨尽脱，汗下如水，死而复生，如是者二三次，荼酷之下，何狱不成"（傅维麟《明书》卷七三）。

其提人则止凭驾帖，弘治元年（1488）刑部尚书何乔新奏："旧制提人，所在官司必验精微批文，与符号相合，然后发遣。近者中外提人，只凭驾帖，既不用符，真伪莫辨，奸人矫命，何以拒之？"当时虽然明令恢复批文提人的制度，可是锦衣旗校却依旧只凭驾帖拘捕（《明史》卷九五《刑法志》）。正德初周玺所说"迩者皇亲贵幸有所奏陈，陛下据其一面之词，即行差官赍驾帖拿人于数百里之外，惊骇黎庶之心，甚非新政美事"（《垂光集》卷一《论治化疏》），便是一个例子。

东厂的体制，在内廷衙门中最为隆重。凡内官奉差关防皆曰某处内官关防，唯东厂篆文为"钦差监督东厂官校办事太监关防"（刘若愚《酌中志》十六）。《明史》记："其隶役皆取给于卫，最轻巧儇佶者乃充之。役长曰档头，帽上锐，衣青素裤褶，系小绦，白皮靴，专主伺察。其下番子数人为干事，京师之命诓财挟仇视干事者为窟穴，得一阴事，由之以密白于档头，档头视其事大小先予之金，事曰起数，金曰买起数。既得事，帅番子至所犯家，左右坐曰打桩，番子即突入执讯之无有左证符碟，贿如数径去，少不如意，榜治之名曰乾酢酒，亦曰搬罾儿，痛楚十倍官刑，且授意使牵有力者，有力者予多金即无事，或靳不予，予不足，立闻上，下镇抚司狱，立死矣。"对于行政官吏所在，也到处派人伺察："每月旦，厂役数百人掣签庭中，分瞰官府。"有听记坐记之别，"其视中府诸处会审大狱，北镇抚司拷讯重犯者曰听记，他官府及各城门缉访曰坐记"。所得秘密名为打事件，即时由东厂转呈皇帝，甚至深更半夜也可随时呈进，"以故事无大小，天子皆得闻之，家人米盐猥事，宫中或传为笑谑，上下惴惴，无不畏打事件者"（《明史》卷九五《刑法志》）。

锦衣卫到底是比不上东厂亲近，报告要用奏疏，东厂则可以直达。以此，厂权就高于卫。

东厂的淫威，试举一例。当天启时，有四个平民半夜里偷偷在密室喝酒谈心。酒酣耳热，有一人大骂魏忠贤，余三人听了不敢出声。骂犹未了，便有番子突入，把四人都捉去，在魏忠贤面前把发话这人剥了皮，余三人赏一点钱放还，这三人吓得魂不附体，差一点变成疯子。

锦衣卫狱即世所称诏狱，由北镇抚司专领。北镇抚司本来是锦衣卫指挥使的属官，品秩极低，成化十四年（1478）增铸北司印信，一切刑狱不必关白本卫，连卫所行下的公事也可直接上请皇帝裁决，卫指挥使不敢干预，因之权势日重（《明史》卷九五《刑法志》）。外廷的三法司（刑部、大理寺、都察院）不敢与抗。嘉靖二年（1523），刑科给事中刘济上言："国家置三法司以理刑狱，其后乃有锦衣卫镇抚司专理诏狱，缉访于罗织之门，锻炼于诏狱之手，裁决于内降之旨，而三法司几于虚设矣。"（《明世宗实录》）其用刑之惨酷，有非人类所能想象，沈德符记："凡厂卫所廉谋反杀逆及强盗等重辟，始下锦衣之镇抚司拷问，寻常只曰打着问，重者加好生二字，其最重大者则曰好生着实打着问，必用刑一套，凡十八种，无不试之。"（《万历野获编》卷二一）用刑一套为全刑，曰械，曰镣，曰棍，曰桚，曰夹棍，五毒备具，呼号声沸然，血肉溃烂，宛转求死不得（《明史》卷九五《刑法志》）。诏狱"室卑入地，墙厚数仞，即隔壁号呼，悄不闻声，每市一物入内，必经数处验查，饮食之属十不能得一，又不得自举火，虽严寒不过啖冷炙披冷衲而已。家人辈不但不得随入，亦不许相面。唯于拷问之期，得遥于堂下相见"（《万历野获编》卷二一）。天启五年（1625）遭党祸被害的顾大章所作《狱中杂记》里说："予入诏狱百日而奉旨暂发（刑）部者十日，有此十日之生，并前之百日皆生矣。何则，与家人相见，前之遥闻者皆亲证也。"拿诏狱和刑部狱相比，竟有天堂、地狱之别。瞿士耜在他的《陈时政急著疏》中也说："往者魏崔之世，凡属凶网，即烦缇骑，一属缇骑，即下镇抚，魂飞汤火，惨毒难言，苟得一送法司，便不啻天堂之乐也。"（《瞿忠宣公集》卷一）被提者一入抚狱，便无申诉余地，坐受榜掠。魏大中《自记年谱》："十三日入都羁锦衣卫东司房，二十八日许显纯崔应元奉旨严鞫，许既迎二魏（忠贤、广微）意，构汪文言招辞而急毙之以灭口。对簿时遂断断如两造之相质，一栲敲一百，穿梭一夹，敲五十板子，打四十棍，惨酷备至，而抗辩之语悉闷不得宣。""六君子"被坐的罪名是受熊廷弼的贿赂，有的被刑自忖无生理，不得已承认，希望能转刑部得生路，不料结果更坏，厂卫勒令退赃，"遂五日一比，惨毒更甚。比时累累跪阶前，诃诉百出，裸体辱之，弛杻则受栲，弛栲则受夹，弛栲与夹则仍戴杻镣以受棍，创痛未复，不再宿复加榜掠。后讯时皆不能跪起荷桎梏，平卧堂下"（《明史纪事本末》卷七一）。终于由狱卒之手秘密处死，死者家人不知其死法及死期，苇席裹尸出牢户，虫蛆腐体。"六君子"是杨涟、左光斗、顾大中、袁化中、周朝瑞、顾大章，都是当时的清流领袖，朝野表率，为魏忠贤所忌，天启五年（1625）相继死于诏狱。

除了在狱中的非刑以外，和厂卫互相表里的一件恶政是廷杖。锦衣卫始自明太祖，东厂为明成祖所创设，廷杖却是抄袭元朝的。

在元朝以前，君臣之间的距离还不十分悬绝，三公坐而论道，和皇帝是师友，宋朝虽然臣僚在殿廷无坐处，却也还礼貌大臣，绝不加以非礼的行为，"士可杀不可辱"这一传统的观念，上下都能体会。蒙古人可不同了，他们根本不了解士的地位，也不能用理论来装饰殿廷的庄严。他们起自马上，生活在马上，政府中的臣僚也就是军队中的将校，一有过错，拉下来打一顿，打完照旧办事，不论是中央官、地方官，在平时，或是在战时，臣僚挨打是家常便饭，甚至中书省的长官，也有在殿廷被杖的记载。明太祖继元而起，虽然一力"复汉官之威仪"，摒弃胡俗胡化，对于杖责大臣这一故事，却习惯地继承下来，著名的例子，被杖死的如亲侄大都督朱文正、工部尚书薛祥、永嘉侯朱亮祖父子，部曹被廷杖的如主事茹太素。从此殿陛行杖，习为祖制。正德十四年（1519）以南巡廷杖舒芬等百四十六人，死者十一人。嘉靖三年（1523）以大礼之争廷杖丰熙等百三十四人，死者十六人。循至方面大臣多毙杖下，幸而不死，犯公过的仍须到官办事，犯私仇者再下诏狱处死（《明史》卷九五《刑法志》）。至于前期和后期廷杖之不同，是去衣和不去衣，沈德符说："成化以前诸臣被杖者皆带衣裹毡，不损肤膜，然犹内伤困卧，需数旬而后起；若去衣受笞，则始于逆瑾用事，名贤多死，今遂不改。"（《万历野获编》卷一八）廷杖的情形，据艾穆所说，行刑的是锦衣官校，监刑的是司礼监："司礼大珰数十辈捧驾帖来，首喝曰带上犯人来，每一喝则千百人一大喊以应，声震甸服，初喝跪下，宣驾帖杖吾二人，着实打八十棍，五棍一换，总之八十棍换十六人。喝着实打，喝打阁上棍，次第凡四十六声，皆大喊应如前首喝时，喝阁上棍者阁棍在股上也。杖毕喝踩下去，校尉四人以布袱曳之而行。"（《熙亭先生文集》四《恩谴记》）天启时万璟被杖死的情形，樊良材撰《万忠贞公传》说："初璟劾魏珰疏上，珰恚甚，矫旨廷杖一百。褫斥为民。彼一时也，缇骑甫出，群聚蜂拥，绕舍骤禽，饱恣拳棒，摘发捉肘，拖沓摧残，曳至午门，已无完肤。迨行杖时逆珰领小竖数十辈奋袂而前，执金吾（锦衣卫指挥使）止之曰留人受杖，逆珰瞋目监视，倒杖张威，施辣手而甘心焉。杖已，血肉淋漓，奄奄待尽。"

廷杖之外，还有立枷，创自刘瑾，锦衣卫常用之："其重枷头号者至三百斤，为期至二月，已无一全。而最毒者为立枷，不旬日必绝。偶有稍延者，命放低三数寸，则顷刻殒矣。凡枷未满期而死，则守者掊土掩之，俟期满以请，始奏闻领埋，若值炎暑，则所存仅空骸也，故谈者谓重于大辟云。"（《万历野获编》卷一八）

诏狱、廷杖、立枷之下，士大夫不但可杀，而且可辱，君臣间的距离愈来愈远，"天皇圣明，臣罪当诛"，打得快死而犹美名之曰恩谴，曰赐杖，礼貌固然谈不到，连主奴间的恩意也因之而荡然无存了。

三

厂卫之弊，是当时人抗议最集中的一个问题，但是毫无效果，并且愈演愈烈。著例如商辂《请革西厂疏》说："近日伺察太繁，法令太急，刑网太密，官校提拿职官，事皆出于风闻，暮夜搜检家财，初不见有驾帖，人心汹汹各怀疑畏，内外文武重臣，托之为股肱心膂者也，亦皆不安于位，有司庶府之官，资之以建立政事者也，举皆不安于职。商贾不安于市，行旅不安于涂，士卒不安于伍，黎民不安于业。"（《商文毅公集》卷一）在这种情形下，任何人都有时时被捕的危险。反之，真是作恶多端的巨恶大憝，只要能得到宫廷的谅解，更可置身法外。《明史·刑法志》说："英宪以后，钦恤之意微，侦伺之风炽，巨恶大憝，案如山积，而旨从中下，纵不之问。或本无死理，而片纸付诏狱，为祸尤烈。"明代二祖设立厂卫之本意，原在侦查不轨，尤其是注意官吏的行动。隆庆中刑科给事中舒化上疏只凭表面事理立论，恰中君主所忌，他说："朝廷设立厂卫，所以捕盗防奸细，非以察百官也。驾驭百官乃天子之权，而奏劾诸司责在台谏，朝廷自有公论。今以暗访之权归诸厂卫，万一人非正直，事出冤诬，是非颠倒，殃及善良，陛下何由知之。且朝廷既凭厂卫，厂卫必委之番役，此辈贪残，何所不至！人心忧危，众目睢盱，非盛世所宜有也。"（《春明梦余录》卷六三）至于苛扰平民，则更非宫廷所计及，杨涟劾魏忠贤二十四大罪疏中曾特别指出："东厂原以察奸细，备非常，非扰平民也。自忠贤受事，鸡犬不宁，而且直以快恩怨，行倾陷，片语违，则驾帖立下，造谋告密，日夜未已。"（《杨忠烈公文集》二）甚至在魏忠贤失败以后，厂卫的权力仍不因之动摇，刘宗周上疏论其侵法司权限，讥为人主私刑，他说："我国家设立三法司以治庶狱，视前代为独详，盖曰刑部所不能决者，都察院得而决之，部院所不能平者，大理寺得而平之，其寓意至深远。开国之初，高皇帝不废重典以惩巨恶，于是有锦衣之狱。至东厂缉事，亦国初定都时偶一行之于大逆大奸，事出一时权宜，后日遂相沿而不复改，得与锦衣卫比周用事，致人主有私刑。自皇上御极以后，此曹犹肆罗织之威，日以风闻事件上尘睿览，辇毂之下，人人重足。"结果是："自厂卫司讥访而告奸之风炽，自诏狱及士绅而堂廉之等夷，自人人救过不给而欺罔之习转盛，自事事仰承独断而谄谀之风日长，自三尺法不伸于司寇而犯者日众。"（《刘子全书》一六《痛陈时艰疏》，一七《敬循职掌疏》）

厂卫威权日盛，使"厂卫"二字成为凶险恐怖的象征，破胆的霹雳，游民奸棍遂假为恐诈之工具，京师外郡并受荼毒，其祸较真厂卫更甚。崇祯四年（1631）给事中许国荣《论厂卫疏》历举例证说："如绸商刘文斗行货到京，奸棍赵瞎子等口称厂卫，捏指漏税，密擒于崇文门东小桥庙门，诈银二千余两。长子县教官推升县令，忽有数棍拥入其寓内，口称厂卫，指为营干得来，诈银五百两。山西解官买办黑铅照数交足，众棍窥有余剩在潞绸铺内，口称厂卫，指克官物，捉拿玉铺等四家，各诈银千余两……蓟门孔道，假侦边庭，往来如织……至于散在各衙门者，借口密探，故露踪迹，纪言纪事，笔底可操祸福，书吏畏其播弄风波，不得不酿金阴饵之，遂相沿为例而莫可问。"（《春明梦余录》卷六三）崇祯十五年（1642）御史杨仁愿疏《论假番及东厂之害》说："臣待罪南城，所阅词讼多以假番故称冤，夫假称东厂，犹害如此，况其真乎？此由积重之势然也。所谓积重之势者，功令比较事件，番役每悬价以买事件，受买者至诱人为奸盗而卖之。番役不问其从来，诱者分利去矣。挟愤首告，诬以重法，挟者志无不逞矣。伏愿宽东厂事件而后东厂之比较可缓，东厂之比较缓而番役之买事件与卖事件者俱可息，积重之势庶可稍轻。"（《明史》卷九五《刑法志》）抗议者的理由纵然充分到极点，也不能消除统治者孤立自危的心理。《明史》说："然帝（思宗）倚厂卫益甚，至亡国乃已。"

民国二十三年十二月旧稿

三十三年五月为纪念甲申三百周年重写于昆明

明代的科举情况和绅士特权

　　明、清两代五六百年间的科举制度，在中国文化、学术发展的历史上作了大孽，束缚了人们的聪明才智，阻碍了科学的进展，压制了思想，使人们脱离实际，脱离生产，专读死书，专学八股，专写空话，害尽了人，也害死了人，罪状数不完，也说不完。

　　这些且不说，光就考试时的情况看，也是气死人的。明末艾南英《天佣子文集》有一篇文章专讲考举人时的苦处：

　　考试这一天，考场打了三通鼓，秀才们即使遇到大冷天，冰霜冻结，也得站在门外等候点名。督学呢，穿着红袍坐在堂上，灯烛辉煌，围着炉子取暖，好不舒服。秀才们得解开衣裳，左手拿着笔砚，右手拿着布袜，听候府县官点名，挨个儿站在甬道里，依次到督学面前。每一个秀才，有两个搜检军侍候，从头发搜到脚跟，光着肚子光着腿，要好几个时辰才能全搜完，个个冻得牙齿打战，腰以下都冻僵了，摸着也不像是自己的皮肤。要是大热天呢，督学穿着纱衣裳，在阴凉地里，喝着茶，摇着扇子，凉快得很。秀才们呢，十百一群，挤立在尘埃飞扬的太阳地上，按制度不能扇扇子，穿的又是大布厚衣。到了考场，几百人夹坐在一起，腥气、秽气，蒸着、熏着，大汗通身，衣裳都湿透了，却一滴水也不敢入口。虽然公家有人管茶水，但谁也不敢喝，喝了就有人在你卷子上打一个红记号，算是舞弊犯规，文章尽管写得好，也要扣分，降一等。冷天也罢，热天也罢，都得吃苦头。考的时候，东西两面站着四个瞭望军，是监场的，谁也不敢抬头四面看，有人困了站一下，打一个呵欠，和隔壁考生说话，以致歪着坐，又是一个红记号打上了，算犯规，文章尽管好，也扣分，降一等。弄得人人腰脊酸痛，连大小便也不得自由，得忍着些。连动手动脚、抬头伸腰的自由也被剥夺了。苦哉！考试座位呢，是衙门里的工吏包办的，他们得赚一点钱，贪污了一大半经费，临时对付，做得很窄小，两个手膀也张不开；又偷工减料，薄而脆，外加裂缝，坐下重一点，就怕塌下。加上同号的总有十几个人，座位是用竹子连着的，谁的手脚稍动一下，联号的座位便都动摇了，成天没个停，写的字也就歪歪扭扭了。

这篇文章写得实在好，道尽了考生的苦处，也道尽了封建统治者不把学生当人的恶毒待遇。文章里用督学的拥炉、挥扇相对衬，更把考生的苦况突出了。清朝继承了明朝这一套，《儿女英雄传》写安骥殿试时，自己背桌子考篮的情况，可以参看。

这样苦，为什么人们还是抢着考，唯恐吃不到这苦头呢？是

为了做官。顾公燮《消夏闲记摘抄》记明朝人中举人的情况：

> 明朝末年的绅士，非常之威风。凡是中了举人，报信的人都拿着短棍，从大门打起，把厅堂窗户都打烂了，叫作"改换门庭"。工匠跟在后面，立时修整一新，从此永为主顾。接着，同姓的地主来和您通谱，算作一家，招女婿的也来了，有人来拜你做老师，自称门生。只要一张嘴，银子上千两地送，以后有事，这些人便有依靠了。出门呢，坐着大轿，前面有人拿着扇啦，掌着盖啦，诸如此类，连秀才出门，也有门斗张着油伞引路。有婚丧事的时候，绅士和老百姓是不能坐在一起的，要另搞一个房子叫大宾堂，有功名的人单坐在一起。

清人吴敬梓所作《儒林外史》，穷秀才范进中举一段绝妙文字，正是顾公燮这一段记载的绝妙注脚。

到中了进士，就更加威风了。上任做官，车啦，马啦，跟班啦，衣服用具啦，饮食用费啦，都自然会有人支应。上了任，债主也跟着来，按期还债（陶爽龄《小柴桑喃喃录》上；周顺昌《忠介烬余集》卷二，《与吴公如书二》）。

即使中不了进士，光是秀才、举人，也就享有许多特权了。其一是免役，只要进了学，成为秀才，法律规定可免户内二丁差役。明朝里役负担是很重的，要是有二十亩田地的中农，假如家里不出一个秀才，一轮到里役，便得倾家荡产（《温宝忠遗稿》卷五，《士民说》）。以此，一个县里秀才举人愈多，百姓便越穷，因为他们得把绅士的负担分担下来（顾炎武《亭林文集·生员论》）。第二是可以有奴婢使唤。明制，平民百姓是不许存养奴婢的，《大明律》规定："庶民之家，存养奴婢者，杖一百，即放从良。"第三是法律的优待，明初规定一般进士、举人、贡生犯了死罪，可以特赦三次，以后虽然没有执行，但是，还是受到优待，秀才犯了法，地方官在通知学校把他开除之前，是不能用刑的。如犯的不是重罪，便只通知学校当局，加以处分了事。第四是免粮，家道寒苦，无力完粮的，可由地方官奏销豁免。因之，不但秀才自己免了役，免了赋，甚至包揽隐庇，借此发财。廪生照规定由国家每年给膏火银一百二十两，不安分的便揽地主钱粮在自己名下，请求豁免，"坐一百，走三百"，不动腿呢，每年一百二十两，多跑跑县衙门呢，一年三百两，是当时的民间口语。第五便是礼貌待遇了。顾公燮所记的大宾堂是有法律根据的，洪武十二年（1379）八月明太祖颁布法令，规定绅士只能和宗族讲尊卑的礼法，至于宴会，要另设席位，不许坐于无官者之下。和异姓无官者相见，不必答礼。庶民见绅士要用见官礼谒见。违反的按法律制裁。

有了这样多特权，吃点苦头又算什么呢？

明、清两代的知识分子，在通过考试之前，封建统治者把他们不当人看待，加以种种虐待。但是，在成为秀才、举人、进士之后，便成为统治集团的一员了，和庶民不同了，他们分享了统治阶级的特权，成为特权阶级了。最近有人讲明朝后期的情况，把秀才也算在市民里面，把他们下降为庶民，在我看来，是不符合客观存在的历史事实的。

明代的殉葬制度
—— "美德组成的黄金世界"之一斑

明天顺八年（1464）正月英宗大渐，遗诏罢宫妃殉葬《《明史》卷一二《英宗后纪》，卷一七六《彭时传》）。这是明史上一件大事。在此以前，宫妃殉葬是明代的成例。毛奇龄《彤史拾遗记》说："初太祖……四十六妃陪葬孝陵，其中所殉唯宫人十数人。洪武三十一年七月建文帝以张凤……十一人由锦衣卫所试百户散骑舍人、带刀舍人进为本所千百户，其官皆世袭，以诸人皆西宫殉葬宫人父兄，世所称朝天女户者也。成祖……十六妃葬长陵，中有殉者。仁宗殉五妃，其余三妃以年终别葬金山。宣宗殉十妃。嗣后皆无殉，自英宗始。唯景泰帝尚以唐妃殉，则天顺元年事在遗诏前。"《《明史》卷一一三《郭嫔传》，事同稍简）不但是皇帝，即诸王亦有殉葬例。《明史·周王传》："有燉正统四年薨，无子。帝（英宗）赐书有爝曰：周王在日，尝奏身后务从俭约，以省民力。妃夫人以下不必从死，年少有父母者遣归。既而妃鞏氏，夫人施氏、欧氏、陈氏、张氏、韩氏、李氏皆殉死，诏谥妃贞烈，六夫人贞顺。"帝王之薨，由群臣议殉葬，一经指定，立即执行。《彤史拾遗记·唐妃传》："郕王薨，群臣议殉葬及妃，妃无言，遂殉之，葬金山。"

殉葬时的情形，《朝鲜李朝世宗实录》有一段记载："六年（永乐二十二年，1424）十月戊午登极，使臣礼部郎中李琦，通政司参议彭璟言，前后选献韩氏等女皆殉大行皇帝。帝崩宫人殉葬者三十余人。当死之日，皆饷之于庭，饷辍俱引升堂，哭声震殿阁。堂上置木小床，使立其上，挂绳围于其上，以头纳其中，遂去其床，皆雉经而死。韩氏临死顾谓金黑曰：娘，吾去！娘，吾去！语未竟，旁有宦者去床，仍与崔氏俱死。诸死者之初升堂也，仁宗亲入辞诀。"（《朝鲜李朝世宗实录》卷二六）韩妃、崔妃俱朝鲜人，金黑为韩妃乳母。

宫妃殉葬后，除优恤其家人外，例加死者谥号，《明英宗实录》卷三记："宣德十年（1435）三月庚子，赠皇庶母惠妃何氏为贵妃，谥端肃。赵氏为贤妃，谥纯肃。吴氏为惠妃，谥贞顺。焦氏为淑妃，谥庄静。曹氏为敬妃，谥庄顺。徐氏为顺妃，谥贞惠。袁氏为丽妃，谥恭定。诸氏为恭妃，谥贞靖。李氏为充妃，谥恭顺。何氏为成妃，谥肃僖。谥册有曰：'兹委身而蹈义，随

龙驭而上宾，宜荐徽称，用彰节行。'"景泰帝之崩，殉葬宫人除唐妃外，当时并曾提及汪皇后，幸为李贤所救免。《明史·景帝废后汪氏传》："景帝崩，英宗以其后宫唐氏等殉，议及后。李贤曰：妃已幽废，况两女幼，尤可悯。帝乃已。"

从英宗以后，明代帝王不再有殉葬的定例，可是，在另一方面，自任为名教代表的仕宦阶级，却仍拥护节烈，提倡殉夫、死节。举一个例，黄宗羲《南雷文案·唐烈妇曹氏墓志铭》："烈妇曹氏年十九归同邑唐之坦，之坦疾革，谓其夫曰：'君死我不独生……'除夕得间，取其七尺之余布，自经夫柩之旁，年二十五，许邑侯诣庐祭之，聚观者数千人，莫不为叹息泣下。"

第五章
论说人物：明朝的那些牛人

尽管历史上出现了几个青天，是当时人民给的称号。但是，也绝不可以由此得出结论，以为青天就是站在人民立场的政治家。不是的，恰恰相反，他们都是为封建统治阶级利益服务的官僚，在这一点上，也和当时其他封建官僚一样，是和人民对立的。

况钟和周忱

一、从《十五贯》说起

1956 年浙江昆苏剧团上演了改编的昆曲《十五贯》之后，各地其他剧种也纷纷改编上演，况钟这个封建时代的好官，逐渐为成千上万的观众所熟识了。这戏中另一个好官周忱，是况钟的上司和同乡，也被赋予和况钟不同的性格，成为舞台上的人物。

《十五贯》成功地塑造了况钟这个历史人物，刻画了他的性格、思想感情。他通过具体分析，进行现场调查研究，得出正确结论，终于纠正了主观主义、官僚主义的错误判断，平反了冤狱，为人民办了好事。这个戏形象地突出了反对主观主义、反对官僚主义这个主题，是具有现实的教育意义的，是个好戏。

但是，《十五贯》这个故事，其实和况钟并不相干。

《十五贯》的故事出自《宋元话本》的《错斩崔宁》，大概是宋朝的故事。明朝末年，有人把这故事编在一部书里，题名为《十五贯戏言成巧祸》，清初的戏剧家朱素臣又把它改编为《十五贯传奇》。现在上演的本子，是根据朱素臣的本子改编的。从故事改编的发展来说，一次比一次好，迷信成分去掉了，复杂的头绪减少了，人物的形象更典型了、深刻了，也就更生动了；艺术感染力量更强烈了；教育主观主义、官僚主义者的效果也就更好了。

那么，问题就来了，《十五贯》既然是宋朝的故事，况钟却是明朝人，从宋末到明前期，相差有一百多年，为什么戏剧家一定要把这个故事算在况钟名下呢？

这是因为况钟的确是历史上的好官，也的确替当时负屈的老百姓申过冤，救活了不少人命，在当时人民中威信很高。其次，朱素臣是苏州人，对《十五贯》的故事和况钟这个人物的传说都比较熟悉。戏剧家为了集中地突出故事情节，集中地突出历史人物，把民间流传已久的《十五贯》故事和当时民间极有威望的好官况钟结合起来，一方面符合人民对于清官好官的迫切要求，另一方面也反映了一定时期的历史情况，是完全可以允许的艺术处理。

正因为如此，这故事不但得到广大人民的喜爱，连况钟的子孙也认为确有其事了。况钟九世孙况廷秀编的《太守列传编年》上说：

折狱明断，民有奇冤，无不昭雪。有熊友兰、友惠兄弟冤狱，公为雪之，阖郡有包龙图之颂，为作传奇，以演其事。惜一切谳断，不能尽传于世。

二、况青天

封建时代的官僚，被人民表扬为青天，是很不容易的事。

由于封建统治阶级一贯剥削、虐待人民，和人民对立，老百姓在平常时候，是怕官的。老百姓和官的关系是，一要完粮；二要当差；三呢，遭到冤枉要打官司。这三件事都使老百姓怕官，一有差错，就得挨板子、上夹板，受到种种非刑，被关进班房，以至充军、杀头等，老百姓怎能不怕？

但是，一到了阶级矛盾十分尖锐，老百姓忍无可忍，团结起来暴动的时候，情况就完全改变了。人民自己已有了武装，也有了班房，那时候，老百姓就不再怕官了，害怕发抖的是官。以此，历史上每次农民起义，矛头总是首先针对着本地的官员，口号总有杀尽贪官污吏这一条。

由于封建统治阶级的统治基础是建立在对广大农民的剥削、掠夺上面的，封建官僚是为了地主阶级利益服务的；一切政治设施的最后目的，都是为了巩固和加强封建统治。这样，也就不难理解在封建官僚的压迫、奴役下，广大人民对于比较清明、宽大、廉洁政治的向往，对于能够采取一些措施，减轻人民负担，申雪人民冤枉的好官的拥护了。对于这样的好官，人民做了鉴

定，叫作青天。

也正由于封建时代的青天极少，所以历史上屈指可数的几个青天，也就成为箭垛式的人物，许多人民理想中的好事都被堆砌到他们身上了。像宋朝的包拯、明朝的况钟和海瑞，都是著名的例子。

也还必须指出，尽管历史上出现了几个青天，是当时人民给的称号。但是，也绝不可以由此得出结论，以为青天就是站在人民立场的政治家。不是的，恰恰相反，他们都是为封建统治阶级利益服务的官僚，在这一点上，也和当时其他封建官僚一样，是和人民对立的。不过，由于他们的出身和其他关系，他们也比较接近人民，了解人民的痛苦，比较正直，有远见，为了维持封建统治阶级的长远利益，缓和阶级矛盾，在不损害封建统治阶级的根本利益的前提下，有意识地办了一些好事。这些好事是和封建统治阶级的长远利益一致的，也是和被压迫被剥削的广大人民当前利益一致的，对当时的生产发展，对历史的进展有好处。因此，他们在当时被人民叫作青天，在历史上也就应该是被肯定的，值得纪念的，在某些方面，还是值得今天学习的人物。

况钟（1383—1442），江西靖安人。从1430年起任苏州知府，一直到1442年死在任上，连任苏州知府十三年。

苏州地方殷富，人口稠密，土地集中，人民贫困，阶级关系比较紧张。在况钟以前，做知府的不要说久任，连称职能够做满任期的也没有一个。况钟以后，也还出过几个好官，不过都比不上他这样有名，为人民所爱戴歌颂。

从唐宋以来，封建王朝任命官僚，主要是用科举出身的人，上过学，会写一定格式的诗、文，通过考试，成为叫作进士或者举人的知识分子。一般在衙门里办事的吏（科员），地位很低，只能一辈子做吏，是做不了官的。明朝初期，科举出身的人还不够多，官和吏的区别还不十分严格，以后就不同了。况钟的父亲是一家地主的养子。况钟从小也念过一点书，但没有考上学校。到成年以后，1406年被选作靖安县的礼曹（管礼仪、祭祀一类事务），一直做了九年的吏。他为人干练精明，通达事务，廉介无私，为县官所重视。也正因为他做了多年的吏，直接和人民打交道，不但了解民间痛苦，也深知吏的贪污害民行径，到后来做了官，便有办法来制裁这些恶吏了。

靖安知县和当朝的礼部尚书（管礼仪、祭祀、考试的部长）是好朋友，当况钟做满九年的吏，照例要到吏部（管任免、考核官员的部）去考绩的时候，靖安知县便写信给这个朋友，推荐况钟的才能。礼部尚书和况钟谈了话，也很器重他，便特别向皇帝推荐。明成祖召见况钟，特任他为礼部仪制司主事，以后升为郎中，一连做了十五年京官。

在这十五年中，况钟和当时许多有名的政治家来往，成为朋友，交换了对政治的许多看法。其中主要的是江西同乡的京官。在封建时代，交通很不方便，官僚们对同乡是很看重的，来往较多，政治上也互相影响，这种关系称为乡谊，是一种封建关系。况钟的同乡中有许多是当权的大官、有声名的政治家，况钟深受他们的影响，况钟以后的政治活动，也得到他们的支持。

明成祖在打到南京，做了皇帝以后，任命七个官员替他管理机密事务，叫作"入阁"，后来叫作"拜相"。这七个人中有五个是江西人，其中泰和人杨士奇和况钟关系最深，南昌人胡俨、湖北石首人杨溥也是况钟的朋友。此外，江西吉水人周忱和况钟也很要好。

明成祖死后，三杨当国，三杨就是原来内阁七人中的三个，是杨士奇、杨溥和杨荣。这三人都是有能力的政治家，在他们当国时期，政治是比较清明的。

1430 年，明封建王朝经过讨论，为了进一步加强统治，增加财政收入，认为全国有九个大府，人众事多，没有管好，其中特别是苏州府，交的税粮比任何一省都多，政治情况却十分不好，官吏奸贪，人民困苦，欠粮最多，百姓逃亡。要百官保举京官中有能力而又廉洁的外任做知府，来加强控制。礼部和吏部都推荐况钟，首相杨士奇也特荐况钟做苏州知府。为了加重况钟的权力，明宣宗还特别给以"敕书"（书面命令），许以便宜行事，并特许他可以直接向皇帝写报告，提建议。

我国在过去漫长时期是农业国，封建王朝的经济基础是农业。王朝的全部收入百分之九十以上出自农民交纳的粮食，服兵役和无偿劳役的也主要是农民。要是农民交不起粮或者少交粮了，农民大量逃亡外地，不当差役了，便会发生严重的政治危机，危害封建王朝的统治地位。

由于宋元以来的历史发展，东南地区的农业经济大大发展了，显出一片繁荣气象。况钟所处的十五世纪前期，正是明王朝的全盛时期。但是，这个地区的繁荣、这个时期的全盛都只是表面上的，内部却包含着严重的危机。

危机是农民负担过重。

就东南一带来说，农民负担之重居全国第一。这时全国的实物收入，夏税秋粮总数约三千万石，其中浙江一省占二百七十五万多石，约占全国收入十分之一弱。苏州一府七个县却占二百八十一万石，比浙江一省交的粮还多。松江府一百二十一万石，负担也很重。以苏州而论，垦田数只有九万六千五百零六顷，占全国垦田数百分之一点一，交纳税粮呢，却占全国税收的百分之九点五。

为什么江南地区的农民负担特别重呢？这是因为从南宋以来，由于这一带土地肥沃，经济发展，贵族、官僚用种种方法兼并土地，到了政治局面发生变化，旧的贵族、官僚被推翻了，他们所占有的土地就被没收为官田，经过多次变化，官田就越来越多，民田就越来越少了。到明太祖取得这一带地方以后，又把原来的豪族地主的田地没收为官田，并且按私租收税，这样，这一带地方的官田租税就特别重了。

民田的租税虽然也很重，但是，农民向地主交租，多在本地，当天或者几天就可以来回，一改为官田，不但田租特别重，而且收的粮食要交官了，得由农民运送到指定的仓库交纳。在交通不便的情势下，陆运、水运，要用几个月以至更多时间，不但占用了大量劳动力，不能投入生产，而且交纳一石官粮，往往要用两三石以至四五石的运费，有时候遭风翻船了，或者被人抢

劫，都得重新补交，所有这些巨大的运费和意外的赔垫，都要由农民负担，农民怎么负担得起？苏州农民因为官田特别多，负担就特别重。

苏州七个县完纳的二百八十一万石税粮中，民粮只有十五万石，官田田租最重的每亩要交三石粮。官粮中有一百零六万石要远运到山东临清交纳，有七十万石要运到南京交纳，运到临清的每一石要用运费四石，运到南京的也要六斗。这样残酷的剥削使人民无法负担，在况钟到苏州以前，四年的欠粮数就达到七百六十多万石。老百姓完不了粮是要挨板子、坐班房的，农民要活下去，就只好全家逃亡，流离外地了。

占全国税粮近十分之一的苏州，欠粮这样多，人口大量外流，是不能不严重地影响到封建王朝的统治基础的。首相杨士奇提出补救方案：蠲免欠粮，官田减租，清理冤狱，惩办贪官，安抚逃民，特派知府等六项措施。况钟就是在这样的情况下，被特派到苏州执行这些措施的。

官田减租是得到明宣宗的同意，用诏书（皇帝的命令）下达全国的。但是，有人认为，减掉了租，就减少了王朝的收入，遭到封建统治阶级内部的反对，没有能够贯彻；蠲免欠粮，也同样行不通。隔了两年，还是没有解决。尽管明宣宗和杨士奇为了缓和阶级矛盾，巩固统治基础，下了极大决心要办，并且严厉申斥户部官员，不奉行减租免粮命令的就要办罪，还是办不了，办不好。

况钟在苏州坚决执行封建王朝的政策，在巡抚周忱的支持下，他多次提出官田减租和蠲免欠粮的具体办法，都被户部批驳不准。况钟并不妥协，坚持要办，一直到1432年3月，才得到批准，减去官田租七十二万一千六百多石、荒田租十五万石，官粮远运临清的减去六十万石，运到南京的改为驻军到苏州自运，连同其他各项，每年减省了苏州人民一百五十六万石的负担，假如连因此而省掉的运费、劳力一起计算，数目就更大了。这对苏州人民来说，确是一件了不起的大好事，对明王朝的统治来说，也确是起了巩固作用。而且，官田虽然减了一些租，因为不欠粮了，王朝的实际收入比前几年反而增加了。

由于官田田租减轻了，逃民回来后复业的就有三万六千六百多户。人民的生活虽然还是很苦，但是毕竟比过去稍微好了一些，生产情绪也提高了。他们欢欣鼓舞，感谢况钟的恩德，到处刻碑纪念这件好事。

况钟在人民中间的威信日益提高，主要的是他还办了以下这几件事：

第一是惩办贪吏。况钟是从吏出身的，精于吏事。在上任以后，却假装不懂公事，许多吏拿着案卷请批，况钟问他们该怎么办，都一一照批。吏们喜欢极了，以为这知府真好对付，以后的事好办了。况钟在经过充分的调查研究，弄清情况以后，过了一个多月，突然叫官员和吏们都来开会，当场宣读"敕书"，其中有"属员人等作奸害民，尔即提问解京"的话，就问这些吏，那一天你办了什么事，受了多少贿赂，对不对？一一问过，立时杀了六个。官员中有十二个不认真办事，疲沓庸懦的，都被革了

职。另外有几个贪赃枉法的，拿到京师法办。这一来，官吏们都害怕了，守法了，老百姓也少吃苦头了。人们叫他青天。

苏州人民好容易有了一个青天，松了一口气。第二年，况钟的继母死了，按封建礼制辞官回家守孝。这一来，苏州的天又黑了，风气又变了，官们吏们又重新做坏事了，百姓又吃苦头了。他们想了又想，都是况钟不在的缘故，三万七千多人便联名请求况钟回来。隔了十个多月，况钟又被特派回到苏州，这一回用不着调查了，立刻把做坏事的官吏们都法办了，天又变好了，况钟更加得到人民的支持。

第二是清理冤狱。苏州有七个县，况钟每天问一个县的案，排好日程，周而复始，不到一年工夫，清理了一千五百多件案子，该办的办，该放的放，做得百姓不叫冤枉、豪强不敢为非，老百姓都叫他是包龙图再世。现在舞台上演唱的《十五贯》，虽然事实上和况钟无关，但确也反映了他在这一方面的工作作风，取得的成绩和威信，是符合历史实际的。

第三是抑制豪强。明朝制度，军民籍贯是分开的，军户绝了，要勾追原籍本家男丁补缺。封建王朝派的清军御史蛮横不讲道理，强迫平民充军，弄得老百姓无处诉冤，况钟据理力争，免掉一百六十个平民的军役，免掉一千四百多个平民的世役，只是本身当军，不累及子孙。七县的圩田设有圩长圩老九千多人，大部分都是积年退役（在衙门做过事）的恶霸，这制度和这些人得到大官的支持，为非作恶，况钟不管上官的反对，也把它一起革除了。沿海沿江有些地方的军官，借名巡察河道，劫掠商船，为害商旅，况钟都一一拿办。

第四是为民兴利。苏州河道，淤塞成灾，况钟把它疏浚了，成为水利。人民因粮重贫困，向地主借高利贷，弄得卖儿卖女，况钟想法筹划了几十万石粮食，建立济农仓，每到农民耕作青黄不接的时候，便开仓借贷，每人二石，到秋收时如数偿还，遇有灾荒，也用这粮食赈济。又推广义役仓制度，用公共积累的粮食，供应上官采办物料的赔垫消费，免去中间地主们的剥削和贪污，从而减轻人民的负担。

况钟刚正廉洁，极重视细小事件，设想周密，不怕是小事，只要有利于百姓就做，对百姓有害的就加以改革。兴利除害，反对豪强，扶持良善，百姓敬他爱他，把他看作天神一样。第一次回家守孝，百姓想念他，作歌说：

况太守，民父母，众怀思，因去后，愿复来，养田叟。

又有歌说：

众人齐说使君贤，只剪轻蒲为作鞭，兵仗不烦森画戟，歌谣曾唱是青天。

三年任满，到京师朝见，百姓怕他升官，很担心，到回来复任，百姓又唱道：

太守朝京，我民不宁，太守归来，我民忻哉！

到九年任满，又照例到吏部候升，吏部已经委派了新的苏州知府了，苏州人民不答应，有一万八千多人联名保留况钟，结果，况钟虽然升了官，又回到苏州管知府的事。

况钟做了十三年知府，死的时候，老百姓伤心痛哭，连做生意的也罢市了。送丧的沿路沿江不绝。苏州和七个县都建立了祠堂，画像祭祀，有的人家甚至把他的画像供在家里。

况钟生性俭朴，住的房子没有什么陈设，吃饭也只用一荤一素。做官多年，没有添置过田产，死后归葬，船上只有书籍和日用器物，苏州人民看了，十分感动。做官办事，不用秘书，一切报告文件都亲自动手，文字质直简劲，不作长篇大论，说清楚了就算。在请求官田减租的报告上，直率批评皇帝失信，毫不隐讳。

和巡抚周忱志同道合，他每次有事到南京，上岸时虽然天黑了，周忱也立刻接见，两人谈到深夜。况钟在苏州办的许多好事是和周忱的支持分不开的，周忱在巡抚任上办的许多好事，也有况钟的贡献在内。

三、周忱

周忱（1381—1453）从1430年任江南巡抚，一直到1451年，前后共二十一年，是明朝任期最长的封疆大员，最会理财最能干的好官。

他是进士出身，在刑部（管司法、审判的部）做了二十多年的员外郎（官名，专员），不为人所知。直到被大学士（宰相）杨荣推荐为江南巡抚、总督税粮，才出了名。

周忱不摆官僚架子，接近人民，倾听群众意见，心思周密，精打细算，会出主意，极会办事，人民很喜欢他。

江南其他各府、县也和苏州一样，欠了很多税粮。周忱首先找老年农民研究，问是什么缘故。农民们说，交粮食照规矩得加"耗"（附加税），因为仓库存的粮食日子久了分量就减少了，加上麻雀老鼠都要吃粮食，这样，就会有耗损。官府把预计必有的耗损分量在完粮时附加交纳，叫作"耗"。但是，地主们都不肯交纳，光勒掯农民负担全部耗损，农民交纳不起，只好逃亡，税粮越欠越多了。

周忱弄清原因，就创立平米法，把完粮附加的耗米，合理安排，不管是地主还是农民，都一律负担，又进一步由工部（管工程的部）制定铁斛，地方准式制造，凡是收放粮食都用统一的标准量器，革除了过去大斗进小斗出的弊病。农民交粮，一向由粮长（地主）经手存放运输，制度紊乱，粮长巧立名目，从中取利，农民负担便越发重了。周忱经过细心研究，制定一套办法，大大减少了粮长做坏事的机会，也减少了耗损。又精打细算，改进了粮食由水路运到北京的办法，节省了人力和粮食。把这些节约的粮食和多出的附加耗米单独设仓贮存，叫作余米，逐年积累，作为机动用费。又和况钟举办了济农仓，减免了苏州和其他各府的官田租粮。经过亲自考察，发现松江、嘉定、上海一带的

河流淤塞，就用余米动工疏浚，兴办了许多水利工程。通过这些措施，人民负担减轻了，加上遇有天灾，可以得到及时的救济，不但荒年不必逃荒，连税粮也不欠了，仓库富足了，民生也安定了。

周忱遇事留心研究，找出关键问题，提出解决办法，随时改革不适用的旧办法，适应新的情况。他有便宜行事的职权，地方性和局部性的问题可以全权管理，以此，他在江南多年，先后办了不少好事。

他有良好的工作习惯，每天都记日记，除记重要的事项以外，也记下这一天的气候，阴、晴、风、雨。有一回，有人谎说，某天长江大风，把米船打翻了。周忱说不对，这一天没有风，一句话把这案子破了。又有一回，一个坏人故意把旧案卷弄乱，想翻案。周忱立刻指出，你在某天告的状，我是怎么判决的。好大胆子，敢来糊弄人！这个坏人只好服罪。江南钱粮的数目上千上万，都记得很清楚，随时算出，谁也欺骗不了他。

周忱也有全局观点，对邻近地区遇事支援。有一年江北闹大饥荒，向江南借米三万石，周忱算了一下账，到明年麦子熟的时候，这点粮食是不够吃的，借给了十万石。

1449年10月瓦剌也先败明军于土木（今河北怀来县），明英宗被俘，北京震动。当国的大臣怕瓦剌进攻，打算把通州存的几百万石粮食烧掉，坚壁清野。这时恰好周忱在北京，他极力主张通州存粮可以支给北京驻军一年的军饷，何不就命令军队自己去运，预支一笔军饷呢？这样，粮食保全住了，驻军的粮饷也解决了。

周忱还善于和下属商量办事，即使对小官小吏，也虚心访问，征求意见。对有能力的好官，如苏州知府况钟、松江知府赵豫、常州知府莫愚、同知赵泰等，则更是推心置腹，遇事反复商量，极力支持，使他们能够各尽所长，办好了事。正因为他有这样好的作风，他出的主意、想的办法，也都能通过这些好官，贯彻执行下去。

他从不摆大官架子，有时候有工夫，骑匹马沿江到处走，见到的人不知道他是巡抚。在江南年代久了，和百姓熟了，像一家人一样，时常到农村去访问，不带随从，在院子里，在田野里，和农夫农妇面对面说家常话、谈谈心，问问有什么困难、什么问题，帮着出主意。

周忱最后还是被地主阶级攻击，罢官离开了江南。他刚离开，户部立刻把他积储的余米收为官有，储备没有了，一遇到灾荒、意外，又到处饿死人了。农民完不起粮，又大量欠粮，逃亡了。百姓越发想念他，到处建立生祠，纪念这个爱民的好官。

过了两年，周忱郁郁地死去。

论海瑞

看过《三女抢板》（或《生死牌》）的人，大概都记得那个挺身出来反对豪强，救了两家人性命的巡抚海瑞。这是民间流传的关于海瑞的许多故事中的一个。海瑞究竟是什么样的一个人呢？

海瑞（1514—1587，明武宗正德九年至神宗万历十五年）是我国十六世纪有名的好官、清官，是深深得到广大人民爱戴的言行一致的政治家。他为了巩固封建统治阶级的长远统治，减轻农民市民的负担，与贪婪腐朽的封建官僚、大地主斗争了一生。

明朝人论海瑞

为了了解海瑞，让我们先看看当时的人们是怎样评论他的。

总的评论是当时的人民说他好，当时的大地主说他不好。

但是，有点奇怪，反对海瑞的人中间，有不少人也还是不能不称赞海瑞是好官，是清官；他是为民的，想做好事的，而且，也做了好事。

就明朝人的记载来看海瑞，梁云龙所作海瑞行状，除了叙述他的清廉，为百姓办好事的政绩以外，并说：

呜呼！公之出、处、生、死，其关于国家气运，吾不敢知。其学士大夫之爱、憎、疑、信，吾亦不敢知。

第以公之微而家食燕私，显而莅官立朝，质诸其所著《严师教戒》，一一契券，无毫发假。孔子所谓强哉矫，而孟子所谓大丈夫乎！古今一真男子也。

论者概其性甘淡薄，有采薇之风，天挺忠贞，有扣马之节，谓道似伯夷，信矣。然其视斯民由己饥寒，耻厥辟不为尧舜，言动必则古昔、称先王，莅官必守祖宗成宪，挫折不磨，鼎镬不避，即伊尹奚让？望之如泰山壁立，就之如春风太和，接谈无疾言，无遽色，临难无郁气，无忿容，篚楚子弟臧获，亦不见其厉色严声，即柳下惠奚加？

特其质多由于天植，学未进于时中，临事不无或过，而隘与不恭，盖亦有焉。

全面地评价海瑞，指出海瑞是这样一个人，言行一致，他的日常生活和政治作为，和所著《严师教戒》文章对证，一一符合，没有丝毫的假。是"强哉矫"，是大丈夫，是古往今来一个

真男子。

他生活淡薄，性格忠贞，看到百姓的饥寒认为是自己的过失，以他的皇帝不像尧、舜那样为耻辱。一言一动都要说古代如何，先王如何。做官办事则坚守祖宗朝的成法。不怕挫折，不怕牺牲。又严峻，又温和，谈话的时候，说得不太快，也不摆出一副难看面孔，遭遇危难也不表现那样愤慨抑郁。连打小孩、打奴婢，也看不到他的厉色严声。

像伯夷，像伊尹，像柳下惠。他的本性是天赋的，但是修养还没有到家，未得中庸之道。做事有时过了一些，窄了一些，以至有些不恭，这些毛病都是有的。

因为海瑞是被攻击谩骂，死在任上的，所以梁云龙很含蓄地说，这个人和时代的关系，他的出、处、生、死，和国家的关系如何，我不敢知道。学士大夫（封建统治阶级）对他的爱、憎、疑、信，对他的评价到底怎样，我也不敢知道。

梁云龙是海瑞的同乡，海瑞侄女的儿子，和海瑞关系很深，作行状时他在湖广巡抚任上，最了解海瑞。对海瑞的评价大体上应该是可信的。

此外，王宏海的《海忠介公传》对海瑞也是大赞特赞的，但在末后又说上一句："乃海公之砥节砺行，而缙绅（官僚地主阶级）又多遗议，何也？"这样的好官、清官，为什么官僚地主阶级又多说他不好呢？是什么道理呢？

王宏海也是海瑞的同乡，琼州定安人。海瑞在因批评皇帝而坐牢以前，王宏海正在北京，做翰林院庶吉士，海瑞去看他，托其料理后事，两人关系也很深。

这两个人是海瑞的亲戚、同乡，也许会有人说他们有偏见。再看何乔远所作《海瑞传》和李贽的《海忠介公传》，何乔远和李贽都是福建晋江人，他们的评价和梁云龙、王宏海是一致的。清修《明史》，对海瑞一般很称赞（王鸿绪《明史稿》和《明史》一样），末后论断，也说他："意主于利民，而行事不能无偏云。"用意是为人民谋福利，但是有些偏差。汪有典的《史外》歌颂他的政绩以后，又说他：尝时以为朝廷上的人懦弱无为，都像妇人女子，把人骂苦了。有人恨极了，骂他大奸极诈，欺世盗名，诬圣自贤，损君辱国。他还是不理会。

人民是爱戴海瑞的，他做了半年多应天巡抚（应天府即今南京。巡抚是皇帝派遣到地方，治理一个政区的行政长官，巡抚有弹劾地方官吏之权，有指挥驻军之权，权力很大），罢职的时候，老百姓沿街哭着送别，有些人家还画了他的像供在中堂里。海瑞死在南京右都御史（中央监察机关的长官）任上的时候，百姓非常哀痛，市面停止了营业，送丧穿戴着白色衣冠的行列，夹着江岸百里不绝的悼祭哀哭。

他晚年到南京做官，被御史（监察官）房寰弹劾，也就是汪有典所引的十六字罪状，引起了统治集团内部一部分青年知识分子的公愤，他们提出抗议，向皇帝写信申救。吏部办事进士顾允成、彭遵古、诸寿贤这三个人代表这一批人说：

南直隶提学御史房寰本论右都御史海瑞，大奸极诈，欺世盗

名，诬圣自贤，损君辱国……朝野闻之，无不切齿抱愤……不意人间有不识"廉耻"二字如房寰者。

臣等自十余岁时即闻海瑞之名，以为当朝伟人，万代瞻仰，真有望之如在天上，人不能及者。

瑞剔历贬仕，含辛茹苦，垂白之年，终不使廪有余粟，囊有赢金。

瑞巡抚南畿时，所至如烈火秋霜，搏击豪强，则权势敛迹，禁绝侵渔，则民困立苏，兴水利，议条鞭，一切善政，至今黄童白叟，皆雅道之。近日起用，海滨无不曰海都堂又起，转相告语，喜见眉睫。

近在留都，禁绝馈送，裁革奢侈，躬先节俭，以至百僚，振风肃纪，远近望之，隐然有虎豹在山之势，英风劲气，振江南庸庸之士风，而濯之以清冷之水者，其功安可诬也？

说他们在十几岁时就知道海瑞是当代伟人，万代瞻仰的人物。海瑞做了多年大官，可是生活朴素，头发白了，没剩什么粮食，也没剩什么钱。做巡抚作为像烈火，像秋霜，打击豪强，有权势的人安分了，禁绝贪污，老百姓可以喘一口气了。兴修水利，贯彻一条鞭新法，这些好事，到现在地方上的老老小小都还想念他。听说海都堂又来了，人们互相告诉，非常喜欢。在南京，他禁止送礼，裁革奢侈，带头节俭，做出榜样，整顿纲纪，远近的人看着，有虎豹在山之势，英风劲气，像一股清冷的水，把江南庸庸碌碌的士风都改变了。这样的功绩，谁能抹杀？

房寰攻击海瑞，把朝野的人都气坏了。想不到人世间有像房寰这样不识廉耻的人！

据后来另一营救海瑞的徐常吉的揭发，弹劾海瑞的房寰是什么样的人呢？官是提学御史（管教育的监察官）。人呢？是个大贪污犯。海瑞看到南京官员作风拖拉，偷懒，很不像话，下决心整顿，依明太祖的规矩，把一个犯规的御史打了一顿。御史们怕极了，想法子要赶走这个厉害的上司。房寰借出外考试学生的机会，让儿子和亲家大收贿赂，送钱多的就录取，名声极坏。怕海瑞弹劾，先下手为强，就带头反对海瑞，造谣造得简直不像话。

乡官（退休居乡的官僚）是反对海瑞的，因为乡官恨他为百姓撑腰，强迫乡官把侵占的田地退还百姓。

大地主是反对海瑞的，因为海瑞一辈子贯彻一条鞭法，依新法，徭役的编派，人丁居四分之一，田粮居四分之三，农民人口多，大地主田地多，这样就减轻了贫农和中农的负担，大地主占地多，按地完粮，负担自然相应加重了，这怎么能不恨？海瑞一辈子主张清丈，重新丈量田地，把大地主少报的、隐瞒的田地都清查出来了，要按地纳税，这怎么能不恨？

现任官员也不满意海瑞，因为赋役银两实行官收官解以后，省去一道中间剥削，百姓虽然得些便宜，衙门里却少了一笔收入了，连北京的户部（管税收、财政的部）也很不高兴。海瑞坚持"此事于各衙门人诚不利，于百姓则为甚利"。至于禁止贪污、送礼，直接损害了现任官员们的利益，那就更不用说了。

从嘉靖（世宗）后期经隆庆（穆宗）到万历前期，从海瑞做

官之时起，一直到死，这三十多年间，朝廷的首相是严嵩、徐阶、李春芳、高拱、张居正等人，除了严嵩是个大奸臣，李春芳庸庸碌碌以外，其他三个都是有名的宰相，尤以张居正为最。

严嵩不必说了，这个人是不会喜欢海瑞的，其他三个名相为什么也反对这个好官、清官呢？

徐阶是严嵩的政敌，是他指使一批中级官员把严家父子参倒的，是他取严嵩地位而代之的。因为搞垮严嵩，很得人心。嘉靖帝死后，他又代草遗诏（遗嘱），革去嘉靖帝在位时的一些弊政，名誉很好。但是，这人正是海瑞所反对的乡愿，凡事调停，自居中间，逃避斗争，不肯批评人，遇风转舵，做事圆滑，总留有后路，不肯负责任做好事，也怕坏事沾了边，好比中药里的甘草，什么病都可加上一味，治不好，也坏不了。正因为这样，才能保住禄位，严嵩挤他不掉。也正因为这样，官员们学了样，成为风气。海瑞痛恨这种作风，曾经多次提出批评意见。

当海瑞因批评嘉靖帝而坐牢的时候，嘉靖帝很生气，迟疑了好久，和徐阶商量，徐阶说了些好话，算是保全了海瑞的生命。嘉靖帝死后，海瑞立刻被释放，仍旧做户部主事，不久调兵部，又改任尚宝司丞（管皇帝符玺的官），大理寺丞（管审判的官），升南京右通政（管接收文件的官），外任为应天巡抚。

徐阶草遗诏，改革弊政，是件好事，但是没有和同官高拱商量，高拱很有意见。又有人弹劾高拱，高拱以为是徐阶指使的，便两下里结了仇。1567年有个御史弹劾徐阶的弟弟和儿子都是大恶霸，有凭有据，海瑞没有搞清楚，以为是高拱指使，故意陷害徐阶，便和其他朝臣一样，给皇帝写信大骂高拱，要求把他罢斥。不久，高拱就被免职了。高拱以后又回来做首相，对海瑞当然痛恨。

徐阶年纪太老，又得罪了当权的太监，1568 年 7 月告老还乡。上一年冬天海瑞到南京，1569 年 6 月任应天巡抚。经过近两年的调查研究，他明白自己偏听偏信，徐阶被弹劾的罪状是确实的。徐家有田四十万亩，是江南第一大地主，徐阶的弟弟和儿子都是人民所痛恨的大恶霸，大部分田地都是侵占老百姓的。他一上任就接到无数告徐家的状子，便立刻下令退田。徐阶也知道海瑞不好惹，勉强退出一部分，海瑞不满意，亲自写信给徐阶，一定要退出大半，才能结案。

徐阶虽然很看重海瑞，但是强迫退田，刺痛了心，恨极了。家人作恶，都有罪证，案是翻不了的。千方百计，都想不出办法，又忍不了这口气。最后有人出主意，定下釜底抽薪之计，派人到北京，走新的当权太监的门路，又重贿了给事中（管弹劾的官）嘉兴人戴凤翔，买他出头弹劾海瑞。戴凤翔家也是地主，亲戚朋友中一些人正在怕海瑞强迫退田。这一来，内外夹攻，戴凤翔弹劾海瑞支持老百姓，凌虐缙绅，形容老百姓像虎像狼，乡官像鱼像肉，被吃得很惨，"鱼肉缙绅"的罪状，加上有内线做主，硬把海瑞赶出了巡抚衙门。

也正是海瑞任应天巡抚这一年，高拱在年底被召还入内阁（拜相），第二年升次相。1571 年 5 月首相李春芳退休，高拱任首相。

1572 年 6 月，高拱罢相，张居正任首相。

在徐阶和高拱的政治斗争中，海瑞对这两个人的看法是不正确的，对徐阶只看到他好的一面，对高拱呢，恰好相反，没有看到他好的一面。许多年后，海瑞自编文集，在骂高拱的信后附记："一时误听人言，二公心事均未的确。"改变了对两人的看法，也承认了自己的错误。

1572 年张居正做了首相，一直到 1582 年病死为止。

张居正是 1567 年 2 月入阁的。1569 年海瑞在应天巡抚任上时，他在内阁中是第三名，对海瑞的行政措施不很赞成。虽然张居正在贯彻一条鞭法这一方面和海瑞一致，但是，用行政命令强迫乡官退田，却不能同意。写信给海瑞说：吴中不讲三尺法已经很久了，你一下子要矫以绳墨，他们当然受不了，谣言沸腾，听的人都弄糊涂了。底下说他不能帮什么忙，很惭愧。意思是嫌海瑞太性急，太过火了。1577 年张居正父亲死了，按封建社会礼法，是必须辞官回家守孝的，他不肯放弃权位，叫人说通皇帝，照旧在朝办事，叫作"夺情"。这一来激怒了那些保卫封建礼法的正人君子，他们认为是不孝，纷纷抗议。海瑞名气大，又敢说敢为，虽然远在广东琼州，苏州一带的文人们却假造了海瑞反对张居正的弹劾信，到处流传。到后来虽然查清楚和海瑞无关，张居正却也恨极了海瑞。有人建议重用海瑞，他都反对。

尽管如此，高拱对海瑞的评论说：海瑞做的事，说是都好，不对；说是都不好呢，也不对。对他那些过激的不近人情的地方，不加调停（纠正）是不好的。但是，要把他那些改革积敝、为民做主的地方都改掉了，则尤其不可。张居正也说："海刚峰（刚峰是海瑞的字）在吴，做的事情虽然有些过当，而其心则出于为民。"

地主阶级反对海瑞是当然的，例如何良俊，是华亭（松江）的大地主，父亲是粮长，徐阶的同乡，本人是贡生，是个乡官。他家大概也吃过海瑞的苦头，对海瑞是有意见的，说海瑞性既偏执，又不能和人商量（不和大地主商量），喜自用。而且改革太快，所以失败。不说他做的事情好不好，只骂他搞快了。又说海瑞有些疯癫，寡深识，缺少士大夫风度。说海瑞只养得些刁诈之人（贫农、中农），至于数百为群，阗门要索，要索不遂，肆行劫夺。若善良百姓（富农、地主），使之诈人，尚然不肯，况肯乘风生事乎！此风一起，士夫之家，不肯买田，不肯放债，善良之民，坐而待毙，则是爱之实陷之死也。怎能说是善政呢？幸亏海公转任了，此风稍息，但是人心动摇，到今天还没有安定下来，骂他搞糟了。

何良俊的《四友斋丛说》序文写于1569年，正是海瑞任应天巡抚这一年。他写的这几条批评，按语气应在1570年和1571年，书大概是这年以后刻的。他尽管站在大地主立场，骂了海瑞，但毕竟不能不说几句公道话："海刚峰不怕死，不要钱，真是铮铮一汉子！"又说："前年海刚峰来巡抚，遂一力开吴淞江，隆庆四年（1570）、隆庆五年（1571）皆有大水，不至病农，即开吴淞江之力也。非海公肯担当，安能了此一大事哉！"松江一带乡官兼营工商业，海瑞要加以限制，何良俊认为"吾松士大夫工商不可谓

不众矣，民安得不贫哉！海刚峰欲为之制数度量，亦未必可尽非"。

海瑞也还有几个支持他的朋友。一个是1565年入阁的李春芳，第二年升次相，1568年任首相。海瑞疏浚吴淞江和救灾等工作都曾得到李春芳的支持。另一个是朱衡，从任福建提学副使时，就很器重海瑞；后来做吏部侍郎（管铨叙官吏的副部长），推荐海瑞做兴国知县、户部云南司主事；到做了工部尚书（管建筑工程的部长），还支持海瑞大搞水利。一个是陆光祖，海瑞从兴国知县内调，就是他当吏部文选司郎中（吏部的司长）时的事。

在海瑞闲居家乡的时候，有些支持他的人，纷纷建议起用他。这些人虽然不一定是他的朋友，但在事业上可以这样说，是同情和崇敬海瑞的。

海瑞是同官僚地主作斗争的。既然如此，为什么官僚地主中又有人称赞他呢？这一方面是由于海瑞在人民中间的威望，一方面也是由于海瑞的斗争究竟还没有突破封建制度所能容许的限度。海瑞在主观上和客观上都还是忠君爱国的，所以何良俊说："海刚峰之意无非为民，为民，为朝廷也。"他和官僚地主有矛盾的一面，但也有一致的一面，因之，有些官僚地主在大骂、排挤、攻击之后，也还是说海瑞的一些好话。

斗争的一生

海瑞的一生是斗争的一生，他反对坏人坏事，不屈不挠，从不灰心丧气，勇敢地把全部生命投入战斗。

海瑞，广东琼山人。先世是军人。祖父是举人，做过知县。父亲是廪生，不大念书也不大理家的浪子，在海瑞四岁时便死去了。叔伯四人都是举人，其中一个中了进士，做过御史。

海瑞虽然出生在这样一个官僚家庭，但家境并不好，祖上留下十多亩田地，光收些租子是不够过活的。他母亲谢氏生性刚直严肃，二十八岁死了丈夫，便自己抚育孤儿，做些针线贴补过日子。教儿子读《孝经》《大学》《中庸》这些书。儿子长大了，尽心找严厉通达的先生，督责功课很严格。

这样，海瑞虽然出身于地主阶级，但生活并不宽裕，和穷苦人民接触的机会多，同情贫农、中农，对大地主有反感。另一方面，他受了严格的封建教育，遵守封建礼法，在政治上也必然道往古、称先王，维护封建统治阶级的利益。

他不是哲学家，但深受王阳明的影响。当时正是王学盛行的时代，师友中有不少人是王派学者。王学的要点除了主要方面是唯心主义以外，还有提倡知行合一、理论和行动一致的积极方面。海瑞也主张德行属行，讲学属知，德行好的道理也会讲得好，真实读书的人也不肯弃身于小人，知和行绝不是两件事。因此，他一生最恨的是知和行不一致的人，这种人明知是好事而不敢做，明知是坏事而不敢反对，遇事站在中间，逃避斗争，甚至脚踏两只船，一味讲调停，和稀泥。这种人他叫作乡愿，客气一点叫甘草。在《乡愿乱德》一文中说："善处世则必乡愿之为而已。所称贤士大夫，不免正道、乡愿调停行之。乡愿去大奸恶不甚远。令人不为大恶，必为乡愿，事在一时，毒流后世，乡愿之害如此！"他以为孟子之功，不在禹下，以恶乡愿为第一。海瑞到处揭露乡愿的罪状，在坐牢以前，去看同乡翰林院庶吉士王宏海时，他痛心地说："现在医国的只一味甘草，处世的只两字乡愿。"这时候当国的首相便是徐阶。后来他在给徐阶的儿子的信里也说："尊翁以调停国手自许，然调停处得之者少，调停处失之者多。"

在《严师教戒》文章中，他指出批评的好处，要求批评，接受批评："若人能攻我之病，我又能受人之攻，非义友耶？"自问自答，提出做人的标准，不白白活下去的意义："有此生必求无忝此生，而后可无忝者。圣人我师，一一放而行之，非今所竞跻巍科，陟朊仕之谓也。……入府县而得钱易易焉，宫室妻女，无宁一动其心于此乎？昔有所操，今或为恬恬者一易之乎？财帛世界，无能屹中流之砥乎？将言者而不能行，抑行则愧影，寝则愧衾，徒对人口语以自雄乎？质冕裳而有媚心焉，无能以义自亢乎？参之衣狐貉而有耻心焉，忘我之为重乎？或疚中而气馁焉，不能长江大河，若浩然而莫御矣乎？小有得则矜能，在人而忌，前有利达，不能无竞心乎？讳己之疾，凡有所事，不免于私己乎？穿天地、亘古今而不顾者，终亦不然乎？夫人非无贿之患，而无令德之难。于此有一焉，下亏尔影，上辱尔先矣。天以完节付汝，而汝不能以全体将之，亦奚颜以立于天地间耶？俯首索气，纵其一举，而终已于卿相之列，天下为之奔趋焉，无足齿也。呜呼！瑞有一于此，不如此死！"大意是：人不要白活着，要照着圣人的话，一一学着做。不白活着并不是说要中高科，做大官。你到了府县衙门，弄钱很容易，好房子，美丽的妇女，你会动心吗？从前怎么说的，会动摇吗？钱财世界，你挺得住吗？或者只会说可不会做，白天看自己的影子，晚上在床上都觉得惭愧，只会对人说空话充好人？看见大官想巴结，在穿狐皮袍子的人群中觉得自己寒碜，心虚气馁，说的话不成气派；小有成绩便骄傲起来，别人做了顺利的事，便想抢先；掩盖自己的毛病，干什么都存私心；顶天立地的事业，想也不肯想，要知道没钱不是毛病，没德才是毛病！这些事只要有这么一条，便对不住自己，也对不住祖先！上天生你这个人是完全的，但是你把它弄残缺了，毁了自己，你还有脸活在天地间吗？做了这些事，即使做到卿相，天下人都为你奔走，也是不值得的。唉！"我"要是犯了以上任何一条过错，还不如死的好。这是他在做县学教谕时对学生的教约，此后几十年，他的生活、行事都一一照着检查自己，照着做，没有一句话没有做到。

他是个唯心主义者，认为："君子之于天下，立己治人而已矣。立己治人孰为之？心为之，心自知之。若得失，心自致之。虽天下之理，无微不彰。"在教学上学王阳明，把"训蒙大意"作为教育方针；在行政措施上，也采用了王阳明的保甲法。

中了举人以后，做福建南平县学教谕（校长），主张学校是师长教学生的地方，教师有教师的尊严，不该向上官磕头。提学御史到学校来了，别的人都跪下，只有他站在中间，像个笔架，以后得了外号，叫笔架博士。

升任浙江淳安知县，反对大地主。

淳安山多地少，地方穷苦。地主往往有三四百亩的田产，却没有分毫的税，贫农收不到什么粮食，却得出百十亩的税差。由之富的愈富，穷的就更穷了。徭役也是十分繁重，每丁少的出一两二钱银子，多的要十几两，弄得"小民不胜，惟悴日甚"。解决的办法是清丈，根据实有土地面积，重新规定赋役负担；是均徭，均是按照负担能力分配，按力量多少分配，没有力量就不要负担了。这样，农民的负担才减轻了些，地主们可不乐意了。

此外，他还做了不少事，改革了许多弊政。几年后，他总结经验，把这些措施编成一部书，叫作《淳安政事》。

特别传诵一时的有两件事。

一件是拿办总督胡宗宪的公子。这位少爷路过淳安，作威作福，吊打驿吏。海瑞没收他带的大量银子，还报告胡总督说：此人冒充总督公子，胡作非为，败坏总督官声。弄得胡宗宪哭笑不得，只好自认倒霉。

一件是挡了都御史鄢懋卿的驾。鄢懋卿是严嵩的党羽，以都御史奉命出来巡查盐政，到处贪污勒索，还带着小老婆，坐五彩舆，地方疲于供应。海瑞捡了鄢懋卿牌告上两句照例官话，说淳安地方小，容不下都老爷的大驾——牌告说"素性俭朴，不喜逢迎"但是听到你以前所到地方，铺张供应，并不如此，怕是地方官瞎张罗的缘故。一封信把鄢懋卿顶回去，绕道过去，不来严州了。

连总督、都御史都敢惹，海瑞的名声逐渐传开了。封建时代的老百姓是怕官的，更怕大官。如今居然有不怕大官，敢顶大官的小官，敢替老百姓撑腰说话的小官，这个官自然就得到老百姓的爱戴了。

加上，海瑞很细心，重视刑狱，审案着重调查研究，注意科学证据和人情事理，几年中平反了几件冤狱。上官因为他精明，连邻县的疑难案件也调他会审了。这些案件的判决书后来都收在文集里，小说家、剧作家选取了一些，加以渲染，几百年来在舞台上为人民所欣赏。《大红袍》《小红袍》《生死牌》《五彩舆》和一些公案弹词在民间流传很广，叫作公案小说。也正因为公案小说的流传，海瑞在政治上的作为反而被公案所掩盖了。

因为得罪了胡宗宪、鄢懋卿，虽然治理淳安的政绩很好，海瑞还是被排挤调职。1562年海瑞升嘉兴通判，鄢懋卿指使党羽弹劾，降职为江西兴国知县。

在兴国一年半，办了不少好事，清丈了田亩，减少了冗官，减轻了人民的负担。其中最快人心的事是反对乡官张鏊。

张鏊做过兵部尚书，在南昌养老享福。张鏊的侄子张豹、张魁到兴国买木材，作威作福，无恶不作。老百姓气苦得很。海瑞派人传讯，他们倚仗叔父威势，不肯来。一天忽然又跑到县衙门大闹。海瑞大怒，拿下张豹，送到府里，反而判处无罪。张鏊出面写信求情，海瑞不理。张鏊又四处求情，这两个坏蛋居然摇摇摆摆回家去了。海瑞气极，写信向上司力争，终于把这两个坏蛋判了罪。

1564年海瑞做了京官，户部云南司的主事（户部按布政使司分司，云南司是管这一政区的税收的）。

两年以后，他弄清了朝廷的情况，写信给嘉靖帝，提出严厉批评，指斥皇帝迷信道教，妄想长生，二十多年不上朝，自以为是，拒绝批评，弄得君道不正，臣职不明，吏贪将弱，暴动四起。你自号尧斋，其实连汉文帝也赶不上。嘉靖帝看了，气得发昏，把信丢在地下，想了又想，又捡起来看，觉得说中了毛病，叹口气说："这人倒比得上比干，只是我还不是纣王啊！"

海瑞早就准备好后事，连棺材都托人买了。嘉靖帝一听说这样，倒愣住了。不过后来还是把他关在牢里。嘉靖帝死后，海瑞被释出狱。

1569 年 6 月，海瑞以右金都御史巡抚应天十府。应天十府包括现在江苏、安徽两省大部分地方，巡抚驻在苏州。

海瑞投身到一场激烈的斗争中，他要与大地主、与水灾进行斗争。

这一年江南遭到严重水灾，夏秋多雨，田地被淹，粮食涨价，农民缺粮逃亡，情况很不好。

江南是鱼米之乡，号称全国最富庶的地方。但实际上百姓生活很困苦，因为历史的关系，粮、差的负担特别重，加上土地集中的现象这二十年来特别显著，大地主占有的土地越多，人民的生活便越困苦。特别是松江，乡官田宅之多、奴仆之众，两京十二省找不出第二个。海瑞一上任，告乡官夺产的老百姓就有几万人。"二十年来，府县官偏听乡官、举人、监生，民产渐消，乡官渐富。"真是苦难重重，数说不完。

怎么办？一面救灾，一面治水。

怎么办？要大地主退田，还给老百姓；贯彻一条鞭法。

救灾采工赈办法，把赈济和治水结合起来。闹灾荒粮食不够吃，请准朝廷，把应该解京的粮食留下一部分当口粮。闹水的原因，经过亲自勘察，是多年来水利不修，吴淞江淤塞了，太湖的水排不出去，一遇特大雨量，便泛滥成灾，得立刻疏浚。说做就做，趁冬闲开工，他坐上小船，到处巡视督工。灾民一来上工有饭吃，二来工程搞好可以解决水患，变为水利，热情很高，进度很快，不到一个月就完工了。顺带把吴淞江北面常熟的白茆河也疏浚了。这两项工程对人民、对生产好处很大。并且用的钱都是海瑞从各方面张罗来的，没有加重人民负担。以此，人民很喜欢，很感激。

这样，他战胜了灾荒，也兴修了水利。

最困难的还是限制大地主的过分剥削。要大地主退还侵占农民的田地，等于要他们的命，但是不这样做，农民缺地无地，种什么，吃什么？海瑞采用了擒贼先擒王的办法，先从松江下手，先拿江南最大的地主乡官徐阶兄弟做榜样，勒令退田。这一来，乡官和大地主害怕了，着慌了，有的逃到外州县躲风头，有的只好忍痛退田。李贽记载这一件好事，加以总结，赞扬说："海瑞卵翼穷民，而摧折士大夫之豪有力者，小民始忻忻有更生之望矣！"老百姓有活路了，大地主们却认为是死路。好事才开头，便被徐阶釜底抽薪，海瑞被罢职了。贼没全擒到，反而丢了官，这是海瑞所没有预料到的，也是封建社会统治阶级利益所决定的必然的下场。

解决人民生活问题的关键，在海瑞看来，无过于贯彻执行一条鞭法。这个办法不是海瑞创始的，已经有好几十年历史了，并且各地办法也不尽相同。主要的方面是把过去田赋的各项各款，均徭、力差、银差、里甲等都编在一起，通计一省丁、粮，通派一省徭役，官收官解，除秋粮以外，一律改折银两交纳。简言之，就是把复杂的赋役制度简化了，把实物赋税的大部分改为货币赋税。这个办法不只可以减轻农民的负担，还可以增加国家的收入，并且，在经济发展过程中也是有进步意义的。例如过去南粮北运，由于当时交通困难，运费由农民负担，往往超过正税很多，现在改折银两，省去昂贵的运输费用，人民的负担也就相应减轻了。又如徭役，实行新法以后，不问银差、力差，只要交了钱，由官府雇工应差，农民也就可以安心生产，不再受徭役的挂累了。这样做，对生产的促进是有好处的。只是对大地主不大好，因为按照新法，大地主有些地方的负担，不是减轻，而是加重了，反对的意见很多。海瑞不顾地主们的反对，坚决执行，终于办成了。成绩是田不荒了，人不逃了，钱粮也不拖欠了，生产发展了。当时的人民很高兴，很感激。后来史家的记载也说："行条鞭法，遂为永利。"

应该指出，一条鞭法并不是摧毁封建剥削制度的办法。但是，这个办法简化了项目和手续，比较地平均了土地的负担，特别是减轻了贫农、中农和城市平民的某些负担，对生产的发展是有益的，因而，也是有民主意义和进步意义的。因此，海瑞是当时人民心目中的好官，是历史上有地位的政治家。

海瑞只做了七个月巡抚，便被大地主阶级撵下台，在家乡闲居了十六年。

万历十年（1582）六月，张居正死。万历十三年（1585），海瑞已经七十二岁了，被荐任用为南京都察院右佥都御史，还没到任，又调任南京吏部右侍郎。照一般道理说，七十多岁的老人该退休了，但是，他想了又想，好不容易才有着实做一点事的机会，虽然年纪大了，精力差了，还是一股子干劲，高高兴兴到南京上任。

明朝体制，南京是陪都，虽然也和北京一样，有五府、六部、都察院等衙门，但不能决定国家大政，是安排年老的和政治上失势官员的地方，比较清闲。海瑞却并不因为闲官就无所作为，一到职就改革弊政，把多年来各衙门出票要街道商户无偿供应物品的陋规禁止了。他说："要南京五城的百姓，负担南京千百个官员的出入用度，难怪百姓苦了！吏部是六部之首，怎么能不先想到百姓？"

当时贪污成为风气，严嵩父子虽然垮了，但从宫廷到地方，依然贿赂公行，横征勒索。海瑞一辈子反对贪污，从做教官时起，就禁止学生送礼，做县官革去知县的常例（摊派在田赋上补贴县官的陋规，一种合法的贪污）。拒绝给上官行贿，有人劝他随和一些，他愤然说："全天下的官都不给上官行贿，难道就都不升官？全天下的官都给上官行贿，又难道都不降官？怎么可以为了这个来葬送自己呢？"又说："充军也罢，死罪也罢，都甘心忍受。这等小偷行径，却干不得！"知县上京朝觐，照例可以从里甲、杂项摊派四五百两银子以至上千两银子，以便进京行贿，京官把朝觐年看成是收租的年头。海瑞在淳安任上两次上京，只用了路费银四十八两，其他一概裁革。做巡抚时，拒绝人家送礼，连多年老朋友送的人情也婉言谢绝。做了多年官，过的依然是穷书生的日子。在淳安，有一天买了两斤肉，为他母亲过生日，总督胡宗宪听见了，大为惊奇，当作新闻告诉人。罢官到京听调，穿的衣服单薄破烂，吏部的熟人劝他，才置了一件新官服。祖上留下十多亩田地，除了母亲死时，朋友送一点钱添置一点墓田以外，没有买过一亩地。买了一所房子，用银一百二十两，是历年官俸的积余。死前三天，兵部送来柴火银子，一算多了七钱银子，立刻退回去。死后，同官替他清点遗物，全部家财只有新俸银一百五十一两（一说只有十多两），绫、绸、绢各一匹，连丧事都是同官凑钱办的。看见这种情景，人们都忍不住掉下眼泪。

海瑞一生积极反对贪污，反对奢侈，主张节俭，生活朴素，是极少见的言行一致的清官。他恨极了贪官污吏，认为这是人民遭受苦难的根源，要根绝贪污，非用重刑不可。相反，像过去那样，准许贪污犯用钱赎罪，是解决不了问题的。建议恢复枉法赃满八十贯（千）处绞的法律。还提到明朝初年，严惩贪污，把贪污犯剥皮的故事。这一来，贪官污吏恐慌了，着急了，生怕海瑞剥他们的皮，联合起来，反对海瑞。

升任都察院右都御史以后，海瑞整顿纪纲，援引明太祖时的办法，用板子打御史。贪污犯房寰怕海瑞揭发，弹劾海瑞，把海瑞骂得不像人，引起了三进士的抗议。攻击的和为海瑞申雪的人吵开了，统治阶级内部发生严重争论，当国的宰相呢，依然是徐阶的手法，两面都不支持，也不得罪，不参加斗争，希望"调停"了事。最后，房寰的贪污事实被全盘揭露，遮盖不得了，才把他免职，这已经是海瑞死后的事了。

明末人谈迁记这场争论说："时人大为瑞不平，房寰今传三世而绝。"说房寰绝后是因为做了坏事。这虽然是迷信的说法，但是也可以看出当时和以后，有正义感的知识分子是同情海瑞、支持海瑞、歌颂海瑞的。

从当教官时不肯跪接御史时起，一直到建议严惩贪污，海瑞度过了他斗争的一生。

他反对乡官、大地主的兼并；反对严嵩、鄢懋卿的败坏国事；反对徐阶的"调停""圆融"；反对嘉靖帝的昏庸，只求无望的长生，不理国家政事；反对地方官的额外需索，增加人民痛苦；反对奢侈浪费；反对乡愿。总之，他反对坏人坏事。虽然他所处的是那样一个时代，还是坚持自己的信念，不屈不挠地斗争到死。

当时人对他的看法，不是说他做得全不对，而是说过火了一些，做过头了，偏了，矫枉过直了！他不同意，反而说就是要过火，就是要过直，不如此，风气变不过来。在给人的信中说："矫枉过直，古今同之。不过直，不能矫其枉。然生之所矫者，未见其为过直也。"而且，"江南粮差之重，天下无有，古今无有。生至地方，始知富饶全是虚名，而苦楚特甚。其间可为百姓痛哭，可为百姓长太息者，难以一言尽也。"这种情况，光是要大地主退还一点非法侵占的田地，又怎么能说是过火、过直呢？应该说是不够，而不是什么过直。就当时当地的情况说，就当时苦楚特甚，可为痛哭，可为长太息的百姓说，过直应该是好得很，而不是糟得很。

当时农民暴动已经发生了。他明确指出农民暴动的原因是官坏："广寇大都起于民穷，民穷之故多端，大抵官不得其人为第一之害。"慨叹地说："今人居官，且莫说大有手段，可为百姓兴其利，除其弊。只是不染一分一文，禁左右人不得为害，便出时套中高人者矣。"把对官的要求降低到不求做好事，只要不做坏事，不贪污，也就难得了。又说："今人每谓做官自有套子，比做秀才不同，不可苦依死本。俗人俗见，谬妄之甚！区区惟愿……执我经书死本，行己而已。如此不执，虽熟人情，老世故，百凡通融，失己失人，全无用处。"痛斥当时的社会风气，在思想上进行坚决的斗争。

当然，光是执我经书死本，说往古，道先王，是解决不了当前的问题的。要求官吏不落俗套，不做坏事，不贪污，不讲人情世故，不百凡通融，而不从社会的根本变革出发，也是不可能成功的。同样，不改变生产关系，简单地要求大地主退还侵占农民的部分田地，少剥削些，农民的苦楚减轻一些，无论事实上做不到，即使做到了，也还是封建的剥削的社会，地主剥削农民的关系依然不变，问题还是没有解决，也是不可能解决的。在当时情况下，这是不可能解决的社会矛盾。海瑞虽然感觉到问题严重，必须坚决地和坏人坏事进行斗争，但是，他没有也不可能从本质上认识和解决这个矛盾。这是时代的矛盾，也是海瑞被大地主阶级的代表们所排挤、攻击，而又取得另一部分地主阶级同情、支持的道理。

海瑞是封建统治阶级的"左派"，和"右派"及"中间派"进行了长期的斗争。尽管遭受多次失败，有时候很愤慨，说出了"这等世界，做得成甚事业！"的气话。但在闲居十六年以后，有重新做事业的机会，他又以头童齿豁的高年参加了。不气馁，不服老，不怕挫折，真是"铮铮一汉子"。

海瑞的历史地位

海瑞在当时，是得到人民爱戴，为人民所歌颂的。

他反对贪污，反对奢侈浪费，主张节俭，搏击豪强，卵翼穷民，主持清丈田亩，贯彻一条鞭法，裁革常例，兴修水利，这些作为对农民，特别对贫农、中农是有利的。农民爱戴他，歌颂他是很自然的。他对城市人民，主要是商户，裁减里甲负担，禁止无偿供应物品等，这些措施对减轻城市工商业者的负担，是有好处的。城市人民爱戴他、歌颂他，也是很自然的。此外，他还注意刑狱，特别是人命案件，着重调查研究，在知县和巡抚任上，都亲自审案，处理了许多积案，昭雪了许多冤狱。对农民和地主打官司的案件，他是站在农民一边的。海知县、海都堂是当时被压抑、被欺侮、被冤屈人们的救星。他得到广大人民的称誉、赞

扬，被画像礼拜、被讴歌传颂，死后送丧的百里不绝。他的事迹，主要是审案方面的故事，一直到今天，还流传在广大人民中。

尽管海瑞在他的时代，曾经遭受攻击、排挤、辱骂，坐过牢，丢过官，但是，就封建统治阶级内部来说，他也还是被一部分人所歌颂、赞扬的。不只是有些青年人仰慕他，以为是当代伟人，连某些反对他的人，大地主阶级的某些代表人物，如高拱、张居正、何良俊等人，都不能不对他说一些好话。死后，被谥为忠介，皇帝派官祭奠，祭文里也说了一大堆赞扬肯定的话。当时的史家何乔远、李贽都写了歌颂他的传记。清修《明史》也把他列入大传，虽然说他行事不能无偏，有些过火，但又说他从做知县一直到巡抚，做的事用意主于利民，也是肯定的。

海瑞在历史上是有地位的。

这样的历史人物，从今天来说，建设社会主义的新时代，该不该肯定，该不该歌颂？

答案是应该肯定，应该歌颂。

评价历史人物，应该从当时当地的情况出发，应该从这个人的作为是否有利于当时的人民、当时的生产出发。从以上的分析，从明朝嘉靖到万历初期这几十年间，从当地，海瑞做过官的地区，江苏、安徽、浙江、江西、福建，那时代那地区的人民，以至更广大地区的人民，是爱戴、歌颂海瑞的。反对他的人也有，只是极少数的大地主大官僚。他的主张和措施，有利于当时的人民，有利于当时的生产，而不利于某些大地主的兼并，不利于某些大地主的逃避赋役，转嫁给穷苦人民的恶劣勾当。

为广大人民所爱戴、歌颂，为少数大地主大官僚所攻击、反对，这样的人物，难道还不应该为我们所肯定、所歌颂吗？

我们肯定、歌颂他一生反对坏人坏事；我们肯定、歌颂他一生反对贪污，反对奢侈浪费，反对乡愿；我们肯定、歌颂他一生处处事事为百姓设想，为民谋利；我们肯定、歌颂他一生不向困难低头，百折不挠的斗争精神；我们肯定、歌颂他一生言行一致，里外如一的实践精神。这些品质，都是我们今天所需要学习和提倡的，而且只有在社会主义时代，这些品质才能得到充分的发扬，虽然我们今天需要的海瑞和封建时代的海瑞在社会内容上有原则的不同。

在今天，建设社会主义社会的今天，我们需要站在人民立场、工人阶级立场的海瑞，为建成共产主义社会而进行百折不挠斗争的海瑞，反对旧时代的乡愿和今天的官僚主义的海瑞，深入群众、引导群众、鼓足干劲、力争上游的海瑞。

这样，封建时代的海瑞，还是值得我们今天学习的。

但是，绝不能也不允许假冒海瑞，歪曲海瑞。海瑞是为当时人民办好事的，一生反对坏人坏事，从没有反对过好人好事。即使在徐阶和高拱的斗争中，他没搞清楚，对徐阶只看到好的一面，不知道他坏的一面，对高拱只知道他的缺点，没有弄明白他的政治品质好的一面，做了错误的支持和抨击。但是，几年以后，他弄清楚了，就自己检查，承认了错误，并且在行动上改正了这个错误。

今天有些人自命海瑞，自封"反对派"，但是，他们同海瑞相反，不站在今天的人民方面，不站在今天的人民事业——社会主义事业方面，不去反对坏人坏事，却专门反对好人好事，说这个搞早了，搞快了，那个搞糟了，过火了，这个过直了，那个弄偏了，这个有缺点，那个有毛病，太阳里面找黑子，十个指头里专找那一个有点毛病的，尽量夸大，不及其余，在人民群众头上泼冷水，泄人民群众的气。这样的人，专门反对好人好事的人，反对人民事业的人，反对社会主义事业的人，不但和历史上的海瑞毫无共同点，而且恰好和当年海瑞所反对而又反对海瑞的大地主阶级代表们的嘴脸一模一样。广大人民一定要把这种人揪出来，放在光天化日之下，大喝一声：不许假冒！让人民群众看清他们的"右倾"机会主义的本来面目，根本不是什么海瑞！

这样看来，研究海瑞，学习海瑞，反对对于海瑞的歪曲，是有益处的、必要的、有现实意义的。

关于魏忠贤

一、生祠

替活人盖祠堂叫作生祠，大概是从那一个时代父母官"自动"请老百姓替他立长生禄位而扩大之的。单有牌位不过瘾，进一步而有画像，后来连画像也不够格了，进而为塑像。有了画像、塑像自然得有宫殿，金碧辉煌，初一、十五文武官员一齐来朝拜，文东武西，环佩铿锵，口中念念有词，好不风光，好不威武。

历史上生祠盖得最多的是魏忠贤，盖得最漂亮的是魏忠贤的生祠，盖得最起劲的是魏忠贤的干儿子、干孙子、干曾孙子、重孙子、灰孙子。

据《明史·魏忠贤传》说，天启六年（1625）魏忠贤大杀反

对党，周起元、高攀龙、周宗建、缪昌期、周顺昌、黄尊素、李
应升等一些东林党人被一网打尽之后，修《三朝要典》（《东林罪
状录》），立"东林党人碑"之后，浙江巡抚潘汝桢奏请为忠贤建
祠。跟着是一大堆官歌颂功德。于是督抚大吏阎鸣泰、刘诏、李
精白、姚宗文等抢先建立生祠。风气一成，连军人、做买卖的流
氓棍徒都跟着来了，造成一阵"建祠热"，而且互相比赛，越富
丽越好。地皮有的是，随便圈老百姓的，材料也不愁，砍老百
姓的。接着道统论也被提起了，监生陆万龄建议以魏忠贤配享孔
子，忠贤的父亲配享启圣公。有谁敢说个不字？

　　当潘汝桢请建生祠的奏本到达朝廷后，御史刘之待签名迟了
一天，立刻被革职。苏州道胡士容不识相，没有附和请求，遵化
道耿如杞入生祠没有致最敬——下拜，都下狱被判死刑。

　　据《明史·阎鸣泰传》，建生祠最多的是少师兼太子太师、
兵部尚书阎鸣泰，在蓟辽一带建了七所。在颂文里有"民心归
依，即天心向顺"的话。

　　潘汝祯所建忠贤生祠，在杭州西湖，朝廷赐名普德。

　　这年十月孝陵卫指挥李士才建忠贤生祠于南京。

　　次年正月宣大总督张朴、宣府巡抚秦士文、宣大巡按张素养
建祠于宣府和大同。应天巡抚毛一鹭、巡按王拱建祠于虎丘。

　　二月阎鸣泰又和顺天巡抚刘诏、巡按倪文焕建祠于景忠山。
宣大总督张朴又和大同巡抚王点、巡按张素养在大同建立第二个
生祠。

　　三月阎鸣泰又和刘诏、倪文焕、巡按御史梁梦环建祠于西密

云丫髻山，又建于昌平、通州。太仆寺卿何宗圣建于房山。

四月阎鸣泰和巡抚袁崇焕建祠于宁前。张朴和山西巡抚曹尔祯、巡按刘弘光又建于五台山。庶吉士李若琳建于蕃育署，工部郎中曾国祯建于卢沟桥。

五月通政司经历孙如洌、顺天府尹李春茂建祠于宣武门外，巡抚朱童蒙建于延绥，巡视五城御史黄宪卿、王大年、汪若极、张枢智建于顺天，户部主事张化愚建于崇文门外，武清侯李诚铭建于药王庙，保定侯梁世勋建于五军营、大教场，登莱巡抚李嵩、山东巡抚李精白建于蓬莱阁宣海院，督饷尚书黄运泰、保定巡抚张凤翼、提督学政李蕃、顺天巡按倪文焕建于河间、天津，河南巡抚郭增光、巡按鲍奇谟建于开封，上林监丞张永祚建于良牧、嘉蔬、林衡三署，博平侯郭振明建于都督府、锦衣卫。

六月总漕尚书郭尚友建祠于淮安。顺天巡按卢承钦、山东巡按黄宪卿、顺天巡按卓迈，也在六月分别在顺天、山东建祠。

七月长芦巡盐龚萃肃、淮扬巡盐许其孝、应天巡按宋祯汉、陕西巡按庄谦建祠于长芦、淮扬、应天、陕西等地。

八月总河李从心、总漕郭尚友、山东巡抚李精白、巡按黄宪卿、巡漕何可及建祠于济宁。湖广巡抚姚宗文、郧阳抚治梁应泽、湖广巡按温皋谟建祠于武昌、承天、均州。三边总督史永安、陕西巡按胡建晏、巡按庄谦、袁鲸建于固原大白山，楚王朱华奎建于高观山，山西巡抚牟志夔、巡按李灿然、刘弘光建于河东。

踊跃修建的官员，从朝官到外官，从文官到武官，从大官到

小官，到亲王勋爵、治河官、卖盐官，没有一个不争先恐后，统一建生祠。

建立的地点从都城到省城，到名山，甚至都督府、锦衣卫、五军营等军事衙门，蕃育署、上林监等宫廷衙门，甚至建立到皇城东街。只要替魏忠贤建生祠，没有谁可以拦阻。

每一祠的建立费用，多的要数十万两银子，少的也要几万两，合起今天的纸币要以多少亿计。

开封建祠的时候，地方不够大，毁了民房两千多间，用渗金塑像。

都城几十里的地面，到处是生祠。上林苑一地就有四个。

延绥生祠用琉璃瓦，苏州生祠金像用冕旒。南昌建生祠，毁周程三贤祠，出卖澹台灭明祠做经费。

督饷尚书黄运泰迎像，用五拜三稽首礼，立像后又率文武将吏列阶下五拜三稽首。再到像前祝告，某事幸亏九千岁（这些魏忠贤的党羽子孙称皇帝为万岁，忠贤九千岁）扶持，行一套礼，又某事蒙九千岁提拔，又行一套礼。退还本位以后，再行大礼。又特派游击将军一人守祠，以后凡建祠的都依例派专官看守。

国子监生（大学生）陆万龄以孔子作《春秋》，忠贤作《要典》，孔子杀少正卯，忠贤杀东林党人，应在国学西建生祠和先圣并尊。这简直是孔子再世，道统重光了。国子司业（大学校长）朱之俊接受了这意见，正预备动工。不凑巧天启皇帝驾崩，政局一变，魏忠贤一下子从云端跌下来了。

崇祯帝即位，魏忠贤自杀。崇祯二年（1629）三月定逆案，全国魏忠贤生祠都被拆毁，建生祠的官员也列名逆案，依法处刑。

《三朝要典》的原刻本在北平很容易见到，印得非常考究，大有翻印影印流传的必要。

魏忠贤的办公处东厂，原来叫东厂胡同，从沙滩一转弯便是。中央研究院北平办事处在焉，近来改为东昌胡同了，不知是敌伪改的，还是最近改的。其实何必呢？魏忠贤之臭，六君子的血，留着这个名词让北平市民多想想也是好的。

二、义子干孙

魏忠贤不大识字，智力也极平常。他之所以能弄权，第一是因为私通熹宗的奶妈客氏，宫中有内线。熹宗听客氏的话，忠贤就可以为所欲为。第二是熹宗庸骏，十足的阿斗，凡事听凭忠贤作主张。

光是这两点，也不过和前朝的刘瑾、冯保一样，还不至于起党狱，开黑名单，建生祠，称九千岁，闹得民穷财尽，天翻地覆。原因是：第一，政府在他手上，首相次相不但和他合作，魏广微还和这位太监攀通家，送情报，居然题为内阁家报。第二，他有政权，就能养活一批官，反正官爵都出于朝廷，俸禄都出于国库。凡要官者入我门来，于是政权军权合一，内廷外廷合一。魏忠贤的威权不但超过过去任何一个宦官，也超过任何一个权相，甚至皇帝。

《明史》说，内外大权，一归忠贤。内监（宦官）自王体干等外，又有李朝钦、王朝辅、孙进、王国泰、梁栋等三十余人为"左右拥护"。外廷文臣则崔呈秀、田吉、吴淳夫、李夔龙、倪文焕主谋议，号"五虎"。武臣则田尔耕、许显纯、孙云鹤、杨寰、崔应元主杀戮，号"五彪"。又吏部尚书周应秋、太仆卿曹钦程等号"十狗"。又有"十孩儿""四十孙"之号。而为呈秀辈门下者又不可数计。

"虎""彪""狗"都是魏忠贤的义子。举例说，崔呈秀在天启初年巡按淮扬，贪污狡狯，不修士行，看见东林正红得发紫，想尽方法要挤进去，被拒不纳。四年还朝，都察院都御史高攀龙尽列他在淮扬的贪污条款，提出弹劾。吏部尚书赵南星批定充军处分。朝命革职查办。呈秀急了，半夜里到魏忠贤家叩头乞哀，求为养子。结果呈秀不但复职，而且升官，不但升官，而且成为忠贤的谋主，残杀东林的刽子手了。两年后做到兵部尚书兼都察院左都御史。儿子不会作文也中了举，兄弟做浙江总兵官，女婿呢，做了吏部主事，连姨太太的兄弟、唱小旦的也做了密云参将。

其他四"虎"，吴淳夫是工部尚书，田吉兵部尚书，倪文焕太常卿，李夔龙副都御史。都是呈秀拉纤拜在忠贤门下当义子的。

"十狗"中如曹钦程，《明史》本传说："由座主冯铨父事魏忠贤为十狗之一。于群小中尤无耻，日夜走忠贤门，卑谄无所不至，同类颇羞称之。"到后来，连魏忠贤也不喜欢他了，责以败群革职，可是此狗在被赶出门时，还向忠贤叩头说："君臣之义已绝，父子之恩难忘。"大哭一场而去。忠贤死后，曹钦程被处死刑，关在牢里等行刑。日子久了，他的家人也厌烦，不给送饭。他居然有本领抢别人的牢饭，成天醉饱。李自成陷北京，破狱出降。自成失败西走，此狗也跟着，不知所终。

"十孩儿"中有个石三畏，闹了个不大不小的笑话。有一天某贵戚请吃饭，在座的有魏忠贤的侄儿魏良卿。三畏喝醉，点戏点了《刘瑾醉酒》，犯了忌讳。忠贤大怒，立刻将他革职回籍。忠贤死后，他还借此复官，到头还是被弹劾免职。

这一群虎狗彪儿孙细按本传，有一个共同的特征几乎没有一个不是贪官污吏。

例外的也有：如造《点将录》的王绍徽，早年"居官强执，颇以清操闻"。还有作《春灯谜》《燕子笺》，文采风流，和左光斗诸人交游的阮大铖，和叶向高同年友好的刘志选，以及《玉芝堂谈荟》的作者周应秋，都肩着当时"社会贤达"的招牌，颇有名气，只是利欲熏心，想做官，想做大官，要做官迷得发了疯，一百八十度一个大转弯，拜在魏忠贤膝下，终至身败名裂，在《明史》里列名阉党传。阮大铖在崇祯朝寂寞了十几年，还在南京冒充东林，附庸风雅，千方百计要证明他是东林，千方百计要洗去他当魏珰干儿的污迹，结果被一批年轻气盛的东林子弟出了留都防乱揭，"鸣鼓而攻之"，落得一场没趣。孔云亭的《桃花扇》真是妙笔奇文，到今天读了，还觉得这副嘴脸很熟，"如"闻其声，"如"见其人。

三、黑名单

黑名单也是古已有之的，著例还是魏忠贤时代。

《明史·魏忠贤传》说："天启四年（1624）忠贤用崔呈秀为御史。呈秀造天监同志诸录，王绍徽亦造点将录，皆以邹元标、顾宪成、叶向高、刘一燝等为魁，尽罗人不附忠贤者，号曰东林党人，献于忠贤。忠贤喜。于是群小益求媚忠贤，攘臂攻东林矣。"

替魏忠贤造名单的，有魏广微、顾秉谦，都是大学士（宰相）。名单有黑红两种，《明史·顾秉谦传》说："广微和秉谦谋，尽逐诸正人，点《缙绅便览》一册，如叶向高、韩爌、何如宠、成基命、缪昌期、姚希孟、陈子壮、侯恪、赵南星、高攀龙、乔允升、李邦华、郑三俊、杨涟、左光斗、魏大中、黄尊素、周宗廷、李应升等百余人目为邪党，而以黄克缵、王永光、徐大化、贾继春、霍维华等六十余人为正人。由阉人王朝用进之，俾据是为黜陟。忠贤得内阁为羽翼，势益张。秉谦、广微亦曲奉忠贤，若奴役然。"

《缙绅便览》是当时坊间出版的朝官人名录。魏广微、顾秉谦根据这名单来点出正人邪人，必定是用两种颜色，以今例古，必定是红黑两种颜色，是可以断言的。

崔呈秀比这两位宰相更进一步，抄了两份。一份是《同志录》，专记东林党人，是该杀、该关、该革职、该充军的。另一份是《天鉴录》，是东林的仇人，也就是反东林的健将，是自己人。据《明史·崔呈秀传》说："忠贤凭以黜陟，善类为一空。"

《明史·曹钦程传》附《卢承钦传》："承钦又向政府提出，东林自顾宪成、李三才、赵南星而外，如王图、高攀龙等谓之副帅，曹于汴、汤兆京、史记事、魏大中、袁化中谓之先锋，丁元荐、沈正宗、李朴、贺烺谓之敢死军人，孙丕扬、邹元标谓之土木魔神，请以党人姓名榜示海内。忠贤大喜，敕所司刊籍，凡党人已罪未罪者悉编名其中。"这又更进一步了，不但把东林人列在黑名单上，而且还每人都给一个绰号、匪号，其意义正如现在一些刊物上的闻一多夫、罗隆斯基同。

王绍徽，魏忠贤用为吏部尚书，仿民间《水浒传》，编东林一百零八人为《点将录》献上，令按名黜汰，以是越发为忠贤所喜。绍徽也名列《明史·阉党传》。

这几种黑名单十五六年前都曾读过，记得最后一种《点将录》，李三才是托塔天王，黄尊素是智多星，每人都配上《水浒传》里的绰号，而且还分中军、左军、右军，天罡地煞，很整齐。似乎还是影印本。可惜记忆力差了，再也记不起是在什么丛书中见到的。可惜！可惜！

爱国学者顾炎武

今年（1962）是伟大的爱国学者顾炎武逝世二百八十周年。

关于顾炎武的历史评价，全祖望写的《顾先生炎武神道表》最后一段话很中肯。他说：离开顾炎武的时代逐渐远了，读他的书的人虽然很多，但是能够说出他的大节的人却很少。只有王高士不庵曾说：炎武抱着沉痛的心，想表白他母亲的志向，一生奔走流离，心里的话，几十年来也没有机会说出来。可是后起的年轻人，不懂得他的志趣，却只称赞他多闻博学，这对他来说，简直是耻辱，只好一辈子不回家，客死外地了。这段话很好，可以表他的墓。我读了也认为很好，可以使人们对顾炎武这个人有更好的了解。

顾炎武首先是有气节、有骨头的坚强的爱国主义者，其次才是有伟大成就的学者。

顾炎武（1613—1682），字宁人，原来名绛，明亡后改名，有时自称为蒋山佣，学者称为亭林先生，江苏昆山人。他家世代有人做官，藏书很多。祖父和母亲对他的教育十分关心，六岁时母亲亲自教他《大学》，七岁跟老师读《四书》，九岁读《周易》，接着祖父就教他读古代军事家孙子、吴子的著作和《左传》《国语》《战国策》《史记》等书，十一岁读《资治通鉴》，到十三四岁才读完。十四岁进了县学以后，又读《尚书》《诗经》《春秋》等书，打下了很扎实的学术基础。母亲更时常以刘基、方孝孺、于谦等人的事迹教育他，要他做一个忠于国家、忠于民族的人。

炎武受教育的时代，也正是明王朝政治日益腐化，统治阶级内部分崩离析、互相倾轧，人民负担日益加重，民不聊生；东北建州（后称满族）崛起，明王朝接连打败仗，丧师失地，满汉民族上层统治集团矛盾最尖锐，汉族人民和统治集团矛盾最尖锐的时代。炎武的祖父教炎武读军事学书籍和史书，是有很深的用意的。

当时东南地区的知识分子组织了一个团体叫复社，吟诗作文，议论时事，名气很大，炎武和他的好友归庄也参加了。两人脾气都有些怪，就得了"归奇顾怪"的外号。

炎武的祖父很留心时事，那时候还没有报纸，有一种政府公报叫《邸报》，是靠抄写流传的，到崇祯十一年（1638）才有活版印刷。炎武跟祖父读了泰昌元年（1620）以来的《邸报》，对国家大事有了丰富的知识储备。二十七岁时考乡试没有录取，他"感四国之多虞，耻经生之寡术"，发愤读书，遍览二十一史和全

国州县志书、当代名人文集、章奏文册等，单单志书就读了一千
多部，抄录有关材料，以后还随时增补，著成两部书，一部叫
《天下郡国利病书》，一部叫《肇域志》。《天下郡国利病书》着重
记录各地疆域、形胜、水利、兵防、物产、赋税等资料。《肇域
志》则记述地理形势和山川要塞。他晚年游历北方时，用两匹
马、两匹骡装着书，到了关、河、塞、障，就访问老兵退卒，记
录情况。说的有和过去知道的不符合的，就立刻检书查对，力求
记载的真实。他这种从实际出发，研究当前现实的学风，一反那
个时代空谈性命、不务实际的学风。他这种治学精神、方法，为
后来的学术界开辟了道路、指出了方向。

炎武从三十岁以后，读的经书、史书都写有笔记，反复研
究，经过长期的思索、改订，写成了著名的《日知录》。

顺治二年（1645）五月，清兵渡长江，炎武到苏州参加了抗
清斗争。清军围昆山，昆山人民合力据守，城破，军民死了四万
多人，炎武的好友吴其沆也牺牲了。炎武的母亲绝食自杀，临死
时嘱咐炎武不要做异国臣子，不要忘了祖父的教训。炎武在军
败、国亡、母死的惨痛、悲愤心情中，昂起头来，进行深入的、
隐蔽的反清斗争。这时期他写的诗如《秋山》："北去三百舸，舸
舸好红颜。"记录了清军掳掠妇女的惨状。"勾践栖山中，国人能
致死。叹息思古人，存亡自今始。"以勾践复国自勉，表明了他
爱国抗清的坚决意志。在以后的许多诗篇中，也经常流露出这种
壮烈的情感，如《又酬傅处士（山）次韵》："时当汉腊遗臣祭，
义激韩仇旧相家。""三户已亡熊绎国，一成犹启少康家。"如

《五十初度时在昌平》："远路不须愁日暮，老年终自望河清。"又如："苍龙日暮还行雨，老树春深更着花。"都表明了他至老不衰的英雄气概。

明宗室福王由崧在南京称帝，改元弘光，任命炎武为兵部司务，炎武到过南京。福王被俘，唐王聿键在福建称监国，改元隆武。鲁王以海也在绍兴称监国。唐王遥授炎武为兵部职方司主事，炎武因母丧未葬不能去，不久，唐王也兵败被杀。鲁王流亡沿海一带。1647 年秋天，炎武曾到沿海地方，和抗清力量联系。地方上有汉奸地主要陷害他，炎武不得已伪装成商人，奔走江、浙各地，前后五年。《流转》诗中说："稍稍去鬓毛，改容作商贾。却念五年来，守此良辛苦。畏途穷水陆，仇雠在门户。故乡不可宿，飘然去其宇。"便是这几年间的事。

1655 年发生了陆恩之狱。

陆恩是炎武家的世仆。在炎武出游时，投奔到官僚地主叶方恒家。炎武家庭经历丧乱，缺钱使用，把田产八百亩卖给叶家，叶方恒存心想吞并顾家产业，�© 勒只给半价，这半价还不给钱，炎武讨了几年才给了一点。恰好陆恩得罪了主人，叶方恒便叫他出面告炎武通海（通海指的是和沿海抗清军事力量勾结，在当时是最大的罪名）。炎武急了，便和家人设法擒住陆恩，将他扔进水里淹死了。陆恩的女婿又求叶方恒出面告状，用钱买通地方官，把炎武关在叶方恒家奴家里，情况十分危急。炎武的好友归庄只好求救于当时赫赫有名的汉奸官僚钱谦益，谦益说，这也不难，不过要他送一门生帖子才行。归庄知道炎武决不肯这样做，

便代写了一个送去。炎武知道了，立刻叫人去要回来，要不回来，便在大街上贴通告，说并无此事。谦益听了苦笑说，顾宁人真是倔强啊！后来炎武的另一朋友路泽溥认识兵备道，说明了情由，才把案子转到松江府，判处为主杀家奴，炎武才得脱祸。

叶方恒中过清朝进士，做过官，有钱有势，炎武和他结了仇，家乡再也住不下去了。1657 年炎武四十五岁，决定到北方游历，一来避仇，二来也为了更广泛地结纳抗清志士，继续进行斗争。

从这一年起，炎武便仆仆风尘，奔走于山东、河北、山西、陕西等地。他的生活情况，在与潘次耒的信中说："频年足迹所至，无三月之淹，友人赠以二马二骡，装驮书卷，一年之中，半宿旅店。"旅途的艰苦，在《旅中》一诗说："久客仍流转，悉人独远征。釜遭行路夺，席与舍儿争。混迹同佣贩，甘心变姓名。寒依车下草，饥糁铫中羹……买臣将五十，何处谒承明？"他的心境，在《寄弟纾及友人江南》诗中说："自昔遭难初，城邑遭屠割。几同赵卒坑，独此一人活。既偷须臾生，讵敢辞播越。十年四五迁，今复客天末。田园已侵并，书卷亦剽夺。尚虞陷微文，雉罗不自脱。"是十分沉重、紧张的。

在游历中，结识了孙奇逢、徐夜、王宏撰、傅山、李中孚等爱国学者和李因笃、朱彝尊、毛奇龄等文人，观察了中原地区和塞外的地理形势，并且在山东章丘买了田产，在雁门之北，五台之东，和李因笃等二十多人集资垦荒，建立庐舍，作为进行隐蔽活动的基地。

1663 年，南浔庄氏史案发，炎武的好友吴炎、潘柽章牵连被杀，炎武所藏史录、奏状一两千本借给吴、潘两人的，也随同散失。庄廷鑨修史时，也曾托人邀请炎武参加，炎武看了情况，知道庄廷鑨没有学问，不肯留下。书刻版时没有列上炎武姓名，这才幸免于死。

五年后，莱州黄培诗狱案发，炎武又被牵连，从北京赶到山东投案。案情是莱州人姜元衡告发他的主人黄培写逆诗（反对清朝的诗），又揭发吴人陈济生所编《忠节录》，说这书是顾宁人编的，书上有名的牵连到三百多人。李因笃听到消息，立刻赶到北京告急营救，炎武的许多朋友也到济南帮忙，这时朱彝尊正在山东巡抚处做幕僚，几方面想法子，炎武打了半年官司，居然免祸，可也够危险了。

炎武虽然饱经忧患，跋涉半生，却勤勉好学，没有一天不读书，没有一天不抄书，蝇头行楷，万字如一。朋友们有时终日宴饮，他总是皱眉头，客人走了，叹口气说：可惜又是一天白白度过了。他读的书越多，游历的地方越多，写的书也越多，名气也就越大。1671 年，熊赐履要举荐炎武助修《明史》，他当面拒绝说："果有此举，不为介推之逃，则为屈原之死矣。"1678 年，叶方蔼、韩菼又打算举荐炎武应博学鸿儒科，炎武坚决辞谢，一连给叶方蔼写了三封信，表明态度，叶方蔼知道不能勉强，方才作罢。为了避免这类麻烦，炎武从此再也不到北京来了。

1677 年，炎武已经六十五岁了。从山东到陕西华阴，住王宏撰家。王宏撰替他盖了几间房子，炎武决定在此定居。两年后

写信告诉他的侄子说：陕西人喜欢经学，看重处士，主持清议，
和外省人不同。在此买水田四五十亩，可以维持生活。华阴这地
方是交通枢纽，就是不出门，也可以看到各地方来的人，知道各
地方的事情。一旦局势有变化，跑进山里去守险，也不过十来里
路。要是志在四方呢，一出关门，就可以掌握形势。从这封信
可以看出，炎武之定居华阴，是和他的一生志愿抗清斗争密切
相关的。

这时候，炎武的三个外甥都已做了大官，徐元文是顺治十六
年（1659）状元，康熙十八年（1679）任《明史》监修总裁官，
第二年任都察院左都御史。徐乾学是康熙九年（1670）探花，徐
秉义是康熙十二年（1673）的探花。三兄弟在青年时都曾得到过
炎武的资助和教育。他们看到舅父年老，流离外方，几次写信迎
接炎武南归，答应给准备房子和田产，炎武回信坚决拒绝。他不
但自己不肯受这几个清朝新贵的供养，连他的外甥要请他的得
意门生潘耒去做门客，也去信劝止。义正词严地指出这些人官越
大，门客越多，好巴结的人留下，刚正方直的人走开，他们不过
要找一两个有学问的人在身边来遮丑而已。应该知道香的和臭的
东西是不可以放在一个盒子里的，要记住白沙在泥，与之俱黑的
话，不要和狎客豪奴混在一起才是。从这两件事，可以看出炎武
的生性刚介和气节。

和他的为人一样，炎武做学问也是丝毫不苟的，总是拿最
严格的要求来要求自己，从不自满。所著《音学五书》，前后历
时三十多年，所过山川亭障，没有一天不带在身边。稿子改了

五次，亲自抄写了三次，到刻版的时候，还改了许多地方。著名的《日知录》，1670年刻了八卷，过了六七年，他的学问进步了，检查旧作，深悔过去学问不博、见解不深，有很多缺点，又渐次增改，写成二十多卷。他很虚心，朋友中有指出书中错误的地方，便立刻改正。又十分郑重，有人问他近来《日知录》又写成几卷了，他说，别来一年，反复研究，只写得十几条。他认为知识是无穷无尽的，过去的成绩不可以骄傲，未来的成就更不可以限制自己。做学问如果不是一天天进步，便会一天天退步。个人独学，没有朋友帮助，就很难有成就，老是住在一个地方，见闻寡陋，也会习染而不自觉。对于自己在学术上的错误，从不宽恕，在给潘耒的信上说：读书不多的人，轻易写书，一定会害了读者，像我《跋广韵》那篇文章便是例子。现在把它作废，重写一篇，送给你看，也记住我的过失。我生平所写的书，类此的也还很多，凡是存在徐家的旧作，可以一字不存。自己思量精力还不很衰，不一定就会死，再过些年，总可以搞出一个定本来。

对搜辑资料，顾炎武也付出极大的努力。例如他在《金石文字记序》所说：我从年轻时就喜欢访求古人金石文字，那时还不很懂。后来读了欧阳修的《集古录》，才知道可以和史书相证明，阐幽表微，补阙正误，不只是文字之好而已。这二十年来，周游各地，所到名山、大镇、祠庙、伽蓝，无不寻求，登危峰、探窈壑、扪落石、履荒榛、伐颓垣、畚朽壤，只要发现可读的碑文，就亲手抄录，要是得到一篇为前人所没有看到的，往往喜欢得睡不着觉。对写作文字，态度也极为谨严，他立定宗旨，凡是文章

不关联到学术的，和当代实际没有关系的，一概不写。并且慨叹像韩愈那样的人，假如只写《原道》《原毁》《争臣论》《平淮西碑》《张中丞传后叙》这几篇，其他捧死人骨头的铭状一概不写，那就真是近代的泰山北斗了！可惜他没有这样做。

他主张为人要"行己有耻"。有耻就是有气节，有骨头，做学问要"好古敏求"，要继承过去的遗产，努力钻研。对明代末期和当时的学风，他是很不以为然的。在《与友人论学书》里说："呜呼！士而不先言耻，则为无本之人，非好古而多闻，则为空虚之学。以无本之人而讲空虚之学，吾见其日从事于圣人而去之弥远也。"也正因为他这样主张、这样做，所以有些人叫他为怪，和他合不来。

炎武于康熙二十一年（1682）正月，因上马失足坠地，病死于山西曲沃，年七十岁。

明代民族英雄于谦

有一首《石灰吟》：

千锤万凿出深山，烈火焚烧若等闲。

粉骨碎身浑不怕，要留清白在人间。

这首诗是明朝民族英雄于谦写的，经过千锤万击，不怕烈火焚烧，不怕粉骨碎身，要留下清白在人间，写的是石灰，同时，也象征了于谦自己的一生。

于谦（1398—1457），字廷益，浙江钱塘（今杭州）人。小时候很聪明，性格坚强。明成祖永乐十九年（1421）二十四岁时中了进士。明宣宗宣德初年（1426）做了御史（监察官），明宣宗的叔父汉王高煦在山东造反，明宣宗亲自带兵讨伐，高煦投

降，明宣宗叫于谦当面指斥高煦罪状，于谦义正词严，说得有声有色，明宣宗很赏识他，认为是个了不起的人才。接着于谦被派巡按江西，发现有几百件冤枉的案件，都给平反了。

宣德五年（1430），明朝政府为了加强中央的权力，特派中央比较能干的官员去治理重要的地方，五月间派况钟、何文渊等九人为苏州等府知府。到九月又特派于谦、周忱等六人为侍郎（相当于中央的副部长），巡抚各重要省区。明宣宗亲自写了于谦的名字给吏部，将他破格升官为兵部右侍郎（相当于国防部的副部长），巡抚河南、山西两省，宰相也支持这主张。明朝制度，除了南北两直隶（以北京和南京为中心的中央直辖地区）以外，地方设有十三个布政使司，每个布政使司（通称为省）设有布政使管民政赋税，按察使管刑名司法，此外还有都指挥使管军政，号称三司，是地方上三个最高长官，职权不同，彼此都不能互相管辖。布政使是从二品官，按察使是正三品官，都指挥使是正二品官，兵部右侍郎虽只是正三品官，却因为是中央官，又是皇帝特派的，奉有敕书（皇帝的手令）可以便宜行事，是中央派驻地方的最高官员，职权就在三司之上了。

于谦做河南山西巡抚，前后一共十九年（1430—1448），除周忱连任江南巡抚二十一年以外，他是当时巡抚当中任期最长的一个。

于谦极重视调查研究工作，一上任便骑马到处视察，所到地方都延请当地有年纪的人谈话，了解地方情况，政治上的得失利弊，老百姓的负担、痛苦，该办的和不该办的事，一发现问题，立刻提出具体意见，写报告给皇帝。遇有水灾、旱灾，也及时上报，进行救济。他对地方的情况很清楚，政治上的措施也很及时，因之，得到人民的歌颂和支持。

明英宗正统六年（1441），他向皇帝报告，为了解决缺粮户的暂时困难，当时河南、山西仓库里存有几百万石粮食，建议在每年三月间，由州县官调查，报告缺粮户数和所需粮食数量，依数支借，到秋收时归还，不取利息。对老病和穷极不能归还的特许免还。还规定所有州县都要存有预备粮，凡是预备得不够数的，即使任期满了也不许离任，作为前一措施的物质保证，这一款由监察官按时查考。皇帝批准了这一建议。这样一来，广大的缺粮户，在青黄不接的时候，就可以免除地主的高利贷剥削了，他为穷困的农民办了好事。

黄河经过河南，常常闹决口，造成水灾。于谦注意水利，在农闲时动用民力，加厚堤身，还按里数设亭，亭设亭长，负责及时督促修缮。在境内交通要道，都要种树、凿井，十几年间，榆树、柳树都成长了，一条条的绿化带，无数的水井，使行道的人都觉得阴凉，沿途都有水喝。

大同是边上要塞，巡按山西的官员很少到那里去，于谦建议专设御史监察。边地许多将领私自役使军人，为他们私垦田地，国家的屯田日益减少，边将私人的垦田却日益增加，影响到国家的收入和边防的力量，于谦下令没收边将的私田为国家屯田，供给边军开支。

于谦做了九年巡抚，政治清明，威信很高，强盗小偷都四散

逃避，老百姓过上了比较安定的生活。由于他政治上的成就，明朝政府升他为兵部左侍郎，支二品俸禄，仍旧做巡抚的官。

在这九年中，于谦的建议到了北京，早上到，晚上就批准，是有其政治背景的。原来这时的皇帝是年轻人，明英宗当皇帝时才十岁，太皇太后和皇太后（皇帝的祖母和母亲）很敬重元老重臣三杨：杨士奇、杨溥、杨荣，这三个老宰相都是从明成祖时就当权的，比较正直，有经验，也有魄力，国家大事都由他们作主张。他们同意于谦做巡抚，对于谦很信任，于谦朝廷上有了三杨的支持，才能在地方办了一些好事。到了正统后期，正统五年（1440）杨荣死，七年杨士奇死，太皇太后死，十一年杨溥死，三杨死后，朝廷上不但没有支持于谦的力量，反对于谦的政治力量反而日益增加了，于谦的政治地位动摇了。

反对于谦的政治力量主要来自两方面，一是宦官，一是权贵。

宦官王振是明英宗的亲信，英宗做了皇帝，他也做了内廷的司礼监太监（皇帝私人秘书长）。英宗年轻，什么事都听他的，只是宫里有老祖母管着，朝廷上有三杨当家，王振还不大敢放肆。到了正统五年以后，太皇太后死了，杨荣也死了，杨士奇因为儿子犯法判死罪不管事，杨溥老病，新的宰相名位都较轻，王振便当起家来了，谁也管不住了，英宗叫他作先生，公侯勋贵叫他作翁父，专权纳贿，无恶不作。他恨于谦不肯逢迎，正统六年（1441）三月，趁于谦入朝的时候，借一个题目，把于谦关在牢里，判处死刑。关了三个月，找不出于谦的罪状，只好放了，降官为大理寺少卿。

另一种反对于谦的力量是权贵。照例地方官入朝，是要送礼以至纳贿赂给朝廷权贵的。于谦是清官，在山西、河南十九年，父母和儿子住在杭州，老婆留在北京，独自过着极清苦的生活。每次入朝，不但不送礼、纳贿，连普通的人事也不送，空手去，空手回。他有一首著名的诗，为河南人民所传诵：

手帕蘑菇与线香，本资民用反为殃。

清风两袖朝天去，免得闾阎话短长。

他这样做，虽然老百姓很喜欢，朝廷权贵却恨死他了。

虽然如此，山西、河南的官吏和百姓却非常想念于谦，到北京请愿要求于谦回去的有一千来起。河南的周王和山西的晋王（皇帝的家族）也说于谦确是好官。朝廷迫于民意，只好让于谦再回去做巡抚。

这时，山东、陕西闹灾荒，流民逃到河南的有二十几万人，于谦请准朝廷，发放河南、怀庆两府的存粮救济，又安排田地和耕牛、种子，让流民安居乐业。

这十九年中，于谦的父母先后死了，照当时礼法，应该辞官在家守孝三年，父母两丧合计六年。朝廷特别命令他"起复"，不要守孝，回家办了丧事便复职。

正统十三年（1448）于谦被召入京，回到兵部左侍郎任上。

第二年发生"土木之变"。

瓦剌是蒙古部族之一，可汗脱脱不花、太师也先、知院阿剌各拥重兵，以也先为最强，各自和明朝通好往来，也经常和明朝发生军事冲突。按照规定，每次来的使臣不超过五十人，明朝政府按照人数给予各种物资，也先为了多得物资，逐年增加使臣到两千多人，明朝政府要他减少人数，也先不肯。瓦剌的使臣往来，有时还沿途杀掠。到正统末年，也先西破哈密，东破兀良哈，威胁朝鲜，军事力量日益强大。明朝使臣到瓦剌的，也先提出各种无理要求，使臣怕事，一一答应，回来后又不敢报告，也先看到使臣所答应的事都没有下落，认为明朝背信，极不高兴。正统十四年（1449）也先派使臣三千人到北京，还虚报名额，交换的马匹也大多驽劣，礼部（管对外工作和朝廷礼仪的部）按实有人数计算，对提出要求的物资也只给予五分之一，还减了马价，也先大怒，决定发兵入侵。

正统十四年（1449）七月，瓦剌大举入侵，脱脱不花攻辽东，阿剌知院攻宣府（今河北张家口市宣化区），也先亲自领军围大同，参将吴浩战死，羽书警报，不断送到北京。

军事情况紧急，王振决策，由明英宗亲自率领军队阻击，朝廷大臣以吏部尚书王直和兵部尚书邝野、兵部左侍郎于谦为首坚决反对，王振不听，命令英宗的弟弟郕王留守，带领朝廷主要官员和五十万大军向大同出发。邝野随军到前方，于谦留在北京管理部事。

王振的出兵是完全没有计划的。他根本不会打仗，却指挥着五十万大军。大同守将西宁侯宋瑛、武进伯朱冕、都督石亨等和也先战于阳和（今山西阳高），为王振的亲信监军太监郭敬所制，胡乱指挥，全军覆没，宋瑛、朱冕战死，石亨、郭敬逃归。明英宗的大军到了大同，连日风雨，军中夜惊，人心恟惧，王振还要向北进军，郭敬背地里告诉他敌军情况，才决定退兵。路上又碰着大雨，王振原来打算取道紫荆关经过他的家乡蔚州（今河北蔚县），请明英宗到他家做客的，走了一程，又怕大军过境，会糟蹋他家的庄稼，又下令取道宣府，这样一折腾，闹得军士晕头转向。到宣府时，也先大军追上袭击，恭顺侯吴克忠据战败死。成国公朱勇、永顺伯薛绶带四万人迎战，到鹞儿岭，敌军设下埋伏，又全军覆没。好不容易走到土木堡（今北京市官厅水库附近），诸将商量进入怀来县城据守，王振要保护行李辎重，便下令就地宿营。这地方地形高，没有荫蔽，无险可守，掘地两丈还不见水，也先大军追到，把水源都占据了，军士又饥又渴，挤成一堆。第二天，也先看到明军不动，便假装撤退，王振不知是计，立刻下令移营，阵脚一动，瓦剌骑兵便四面冲锋，明军仓皇逃命，阵势大乱，敌军冲入，明军崩溃，死伤达几十万人，明朝政府的高级官员五十多人都被敌军所杀，王振也死在乱军中。明英宗被敌军俘虏。这次不光彩的战役就叫"土木之变"。

土木败报传到北京，北京震动。这时明军的精锐都已在土木覆没了，北京空虚，形势极为危急。翰林院侍讲（为皇帝讲书的官）徐珵是苏州人，在土木之变前，看到局面不好，就打发妻子老小回苏州去了。败报传到后，郕王召集文武百官商量对策，徐

理大声说，从天文看，从历数看，天命已去了。只有南迁，才能免祸。这个主意是亡国的主意，当时要照他的意见办，明朝政府从北京撤退到南方，瓦剌进占北京，黄河以北便会全部沦陷，造成历史上南北朝和金宋对立的局面。于谦坚决反对，说北京是全国根本，一动便大事去了，宋朝南渡的覆辙，岂可重蹈。并且说主张南迁的人应该杀头。大臣胡濙、陈循和太监金英都赞成于谦的主张，郕王也下了坚守的决心，徐珵不敢再说话了，从此恨死了于谦。

明朝政府虽然决定坚守，但是北京剩下的老弱残兵不满十万人，上上下下都胆战心惊，怕守不住。于谦建议征调各地军队到京守卫，分别部署前方要塞军事，人心才稍稍安定。郕王十分信赖于谦，升他为兵部尚书（国防部长），领导北京的保卫战。

王振是土木败军的祸首，群臣提出要追究责任，王振的党羽马顺还倚仗王振的威风，当面叱责提出这主张的人，引起了公愤，给事中（官名，管稽察六部和各机关的工作）王竑抓住马顺便打，群臣也跟着打，把马顺打成肉泥，朝班大乱，连守卫的卫士也呼噪起来了。郕王吓得发抖，站起来要走，于谦赶紧上前拉住，并教郕王宣布马顺有罪应该处死，这才扭转了乱纷纷的局面。退朝时，于谦穿的衣裳，袖子和下襟都裂开了。吏部尚书（管选用罢免官员的部长）王直看到他，拉住手叹口气说，国家只靠着你！像今天的事，一百个王直也办不了。从此，郕王和朝廷大臣、京城百姓都倚靠于谦，认为他有担当，可以支撑危局。于谦也毅然决然地把国家的事情担当起来。

英宗被俘，他的儿子还是小孩子，当时形势，没有皇帝是不行的。大臣们商量立郕王为皇帝，郕王再三推辞。于谦说，我们是为国家着想，不是为了任何个人。郕王才答应。九月，郕王即位为皇帝，是为明景帝。

于谦建议景帝，瓦剌得胜，一定要长驱南下。一要命令守边诸将协力防守；二要分道招募民兵；三要制造兵器盔甲；四要派遣诸将分守九门，结营城外；五要迁城关居民入城，免遭敌军杀掠；六要派军队自运通州存有的大量粮食作为军饷，不要被敌人利用。又保荐一些有能力的文官出任巡抚，军官用为将帅。景帝一一依从，并命令于谦提督各营军马，统帅全军。

也先带着明英宗，率军南下，每到一个城池，便说皇帝来了，要守将开门迎接，守将遵从于谦的指示，说我们已经有了皇帝，拒不接受。也先利用明英宗要挟明朝政府不成功，很丧气。明朝北部各个城池虽然因此保住了，明英宗却也因此对于谦怀恨在心。

瓦剌大军突破紫荆关，直入包围北京。都督石亨主张收兵入城，坚壁据守。于谦反对，认为怎么可以向敌人示弱，使敌人越发轻视呢。下令诸将统兵二十二万分别在九门外据守，亲自率领石亨和副总兵范广、武兴列阵德胜门外，和也先决战。通告全军，将不顾军，先退者斩其将；军不顾将，先退者后队斩前队。将士知道只有决战才有生路，都奋勇争先。由于于谦保卫北京的主张是和北京人民的利益一致的，获得了广大人民的支持。也先原来认为北京不战可下，一见明军严阵以待，便泄气了，派人提出要大臣出迎明英宗，要索金帛，和于谦等大臣出来商议等条款，都被拒绝，越发气沮。进攻德胜门，明军火器齐发，也先弟中炮死。转攻西直门，又被击退。进攻彰义门，当地的老百姓配合守军，爬上房顶呐喊，投掷砖石，又被击退。相持了五天，敌军始终没有占到便宜，听说各路援军就要到达，怕归路被截断，只好解围退兵，北京的保卫战就此胜利结束。景帝以于谦功大，加官为少保（从一品），总督军务。

景泰元年（1450），大同守将报告也先派人来讲和，于谦严令申斥守将，从此边将都坚决主战，没有一个人敢倡议讲和。

也先看到明朝有了新皇帝，不承认明英宗，便在蒙古重立英宗为皇帝，来和明朝对抗，结果明朝政府置之不理，这个法宝也不灵了。俘虏到皇帝，不但没有用处，还得供养，成了累赘，便另出花招，派使臣声明愿意送还皇帝，制造明朝统治阶级的内部矛盾。明朝大臣都主张派使迎接，景帝很不高兴，说我本来不愿做皇帝，是你们要我当的。于谦说，皇位已定，不可再变。也先既然提出送回皇帝，理当迎接，万一有诈，道理在我们这面。景帝一听说皇位不再更动，忙说依你依你。派大臣接回英宗，一到北京，就把这个皇帝关在南宫里。

从景泰元年到景泰七年（1450—1456），于谦在兵部尚书任上，所提的意见，明景帝没有不同意的。朝廷用人，也一定先征求于谦意见，于谦不避嫌怨，有意见便说，由此，有些做不了大官的人，都恨于谦，有些大官作用比不上于谦的，也恨于谦，特别是徐珵，他一心想做大官，拜托于谦的门客，想做国子祭酒

（大学校长），于谦对景帝说了，景帝说，这人倡议逃亡，心术不正，怎能当这官，败坏学生风气。徐珵不知于谦已经推荐，反而以为是于谦阻挠，仇恨越发深了。改名有贞，等候机会报复。大将石亨原先因为打了败仗被削职，于谦保荐其领军抗敌立了功，封侯世袭。他嫌于谦约束过严，很不乐意。保卫北京之战，于谦是主帅，功劳最大，结果石亨倒封了侯爵，他心里过意不去，写信给景帝，保荐于谦的儿子做官。于谦说国家多事，做臣子的照道理讲不该顾私恩。石亨是大将，没有举荐一个好人、一个行伍有功的，却单单举荐我的儿子，这讲得过去吗？而且我对军功，主张防止侥幸，决不敢以儿子冒功。石亨巴结不上，反而碰了一鼻子灰，越发生气。都督张軏打仗失败，为于谦所劾。太监曹吉祥是王振门下，也深恨于谦。这批人共同对于谦不满，便暗地里通声气，要搞倒于谦，出一口气，做升官的打算。

于谦性格刚直，处在那样一个时代，遇事都有人出来反对，只靠景帝的信任，做了一些事。他在碰到不如意的事情的时候，便拍胸叹气说：这一腔热血，竟洒何地？他又看不起那些庸庸碌碌的大臣和勋臣贵戚，语气间时常流露出来，恨他的人便越发多了。他坚决拒绝讲和，虽然明英宗是因为明朝拒和，也先无法利用才被送回来的，心里却不免有些不痛快。这样，在明景帝统治的七年间，在表面上，于谦虽然权力很大，在另一面，却上上下下都有人对他怀恨，只是不敢公开活动而已。

于谦才力过人，当军务紧急，顷刻变化的时候，他指挥若定，眼睛看着报告，手头屈指计算，口授机宜，合于实际，底下的工作人员看着，不由得衷心佩服。于谦号令严明，不管是勋臣宿将，一有错误，便报告皇帝行文申责，几千里外的守将，一得到于谦指示，无不奉行。思虑周密开阔，当时的人没有能比得上的。于谦忧国忘身，虽然立了大功，保住了北京城，接还了皇帝，却很谦虚，口不言功。于谦生性朴素俭约，住的地方才蔽风雨，景帝给他一所西华门内的房子，几次辞谢不许才搬过去。土木之变后，他索性住在办公室里不回家。于谦晚年害了痰病，景帝派人去看，发现他生活过于俭约，特别叫宫内替他送去菜肴。有人说皇帝宠待于谦太过了，太监兴安说，这人日日夜夜为国家操心，不问家庭生活。他要是去世了，朝廷哪儿能找得这样的人？死后抄家，除了皇帝给的东西以外，更没有别的家财。

景泰八年（1457）正月，明景帝害了重病，不能起床。派石亨代他举行祭天仪式。石亨认为景帝活不长久了，便和徐有贞、曹吉祥、张軏等阴谋打开南宫，迎明英宗复位，史称"夺门之变"。明英宗第三次做了皇帝，办的第一件事就是把于谦和大学士（宰相）王文关在牢里。石亨等诬告于谦、王文谋立外藩（明朝皇帝的本家，封在外地的），法司判处谋逆，应处死刑。审案时，王文据理申辩，于谦笑着说，这是石亨等人的主意，申辩有什么用？判决书送到明英宗那里，英宗还觉得有些过意不去，说于谦实在有功。徐有贞说，不然，不杀于谦，夺门这一招就说不出名堂来了。于谦、王文同时被杀，明景帝也被绞死，这一年于谦六十岁，明景帝才三十岁。

于谦死后，家属被充军到边地。大将范广、贵州巡抚蒋琳也因为是于谦所提拔的牵连被杀。还刻板通告全国，说明于谦的罪状，这个板子一直到成化三年（1467）才因有人提出意见毁掉。

曹吉祥是于谦的死对头，可是他的部下指挥朵儿却深感于谦的忠义，到刑场祭奠痛哭，曹吉祥大为生气，把他打了一顿。第二天，朵儿又去刑场祭奠了。都督同知陈逵冒着危险，收拾于谦的尸首殡葬，过了一年，才归葬杭州。

广大人民深深悼念于谦，当时不敢指名，作了一个歌谣：

鹭鸶冰上走，何处觅鱼嗛？

鱼嗛是于谦的谐音，这个民族英雄的形象是永远留存在人民的记忆中的。明末抗清民族英雄张煌言有一首诗：

国亡家破欲何之？西子湖头有我师。
日月双悬于氏庙，乾坤半壁岳家祠。

于谦的事迹直接教育了这个有骨气的好汉，宁死勿屈，保持了民族的正气。

石亨的党羽陈汝言代于谦做兵部尚书，不到一年就被撤职抄家，有很多金银财宝，明英宗叫大臣们参观，并说，于谦在景泰朝极被亲信，死后没有一点家业，陈汝言怎么会有这么多？石亨听了，说不出一句话。过些日子，边防传来警报，英宗很发愁，

恭顺侯吴瑾在旁边说，要是于谦在的话，不会有这情况。英宗听了也说不出一句话。

于谦的政敌都先后失败，徐有贞充军云南，石亨下狱死，曹吉祥造反灭族。

明宪宗成化初年（1465），于谦的儿子于冕遇赦回家，写信给皇帝申冤，明宪宗恢复了于谦的官位，派人祭奠，祭文中说："当国家之多难，保社稷以无虞，惟公道之独持，为权奸所并嫉，在先帝已知其枉，而朕心实怜其忠。"这几句话，传诵一时。于谦的名誉恢复了。明孝宗弘治二年（1489）谥于谦为肃愍，并建立祠堂，号为旌功。明神宗万历时又改谥忠肃。杭州、开封、山西和北京的人民都建立了他的祠堂，广大人民永远纪念这个保卫北京城的民族英雄，永垂不朽！

于谦的著作流传到今天的有《于肃愍公集》八卷、《少保于公奏议》十卷。演绎他的故事的小说有孙高亮所著的《于少保萃忠全传》十卷。

第六章

经济贸易：皇权轮子下的资本主义萌芽

郑和船队这样由国家派遣的船队，一次出去几万人、几十条大船，不但到了现在南洋群岛的主要国家，而且一直到了非洲。其规模之大，人数之多，范围之广，那是历史上前所未有的，就是明朝以后也没有。这样大规模的航海，在当时世界历史上也没有过。

资本主义萌芽问题

关于资本主义萌芽问题，现在学术界还在争论，有许多不同的意见。有的人认为资本主义萌芽很早，有的人认为很晚。所提供的史料的时间性都很不肯定，从 8 世纪到 16、17 世纪都有。特别是关于《红楼梦》的社会背景的讨论，展开以后更是如此。是在什么情况下产生了《红楼梦》这部作品？它的社会基础是什么？《红楼梦》中的贾宝玉反对科举、尊重妇女的思想是从哪里来的？他骂念书人，骂那些举人、秀才都是禄蠹，说女孩子是水做的，男人是泥做的，这样的思想认识是在什么情况下发生的？对于这一系列的问题提出了各种不同的看法，各有各的论据。而且关于"萌芽"这个词的意义也有不同的理解。比如种树，种子种下去以后，慢慢地露出了头，这叫萌芽；又如泡豆芽菜，把豆子放在水里，长出一点东西，这也叫萌芽。既然只是萌芽，它就不是已经成熟了的东西，还只是那么一点点。假如是整棵的菜，那就不是萌芽；至于开了花、结了果的东西，就更不是萌芽了。所以要把这些情况区别开。可是现在某些讨论中存在这样的问题：将萌芽看成是已经开花结果的东西。这实际上就不是资本主义萌芽，而是资本主义的成熟阶段了，还有人认为中国资本主义早已经成熟了，中国社会早已经进入了资本主义社会。这样一来就产生了一系列的大问题：中国既然早已进入资本主义社会，那么，怎么解释1840年以后中国进入了半殖民地半封建的社会？一百年来我们反对封建主义、反对帝国主义的问题怎么解释？

关于这个问题，我自己有些看法，也不一定成熟，提出来让大家讨论。我想，要说明某个时期有某个事物萌芽，必须要有一个界限。这个界限是什么呢？就是要具体地指出一些事实，这些事实是以往的时期所不可能发生和没有发生过的，只有到了这个时候才能发生的。没有这个界限，就会把历史一般化了。试问：这个时期发生过，一百年以前发生过，五百年以前也发生过，这怎么能说明问题？而且这些新发生的东西不应该是个别的。仅仅只在某个时期、某个地区出现的个别的东西能不能说明问题呢？不能说明问题。因为我们的国家这样大，经济发展不平衡，有先进的，有落后的，沿海和内地不同，平原和山区也不同。不要说别的地方，就说北京吧，全市面积有一万七千平方公里，市内和郊区就不同，因此，个别时期所发生的个别的事情也会有所不同。所以作为一个事物的萌芽，必须是这个东西过去没有发生过，现在发生了，而且不是个别的。只有这样看才比较科学。现在我们根据这个精神来看资本主义萌芽问题。我想把问题局限在 14 世纪到 16 世纪所发生的主要事件上面，特别是 16 世纪中叶这个明朝人自己已感觉到发生巨大变化的时期，着重提出那些在这个时期以前所没有发生，或虽已发生而很不显著，这个时期以后成为比较普遍、比较显著的一些问题。

第一，关于手工工场。在明朝初年的时候，有一个人叫徐一夔，他写了一本书叫《始丰稿》。这本书里面有一篇文章叫《织工对》。这篇文章讲到元末明初，在浙江杭州有许多手工业纺织工场。这些纺织工场的经营方式是怎样的呢？有若干间房子和若干部机器，工人都是雇工，他们不占有生产工具。生产工具是谁的呢？是工场老板的。老板出房子、出机器、出原料，工人出劳动力。工人在劳动以后可以取得若干计日工资，工资随着工人的技术熟练程度不同而有高有低，其中有一些技术水平比较高的，可以得到比一般工人加倍的工资，假如这家工场不能满足他的要求，别的工场可以拿更高的工资把他请去，劳动强度很高，把工人弄得面黄肌瘦。这是元末明初（14 世纪）的情况，当时这样的工场在杭州不止一个。但是能不能说在 14 世纪时就已经普遍地有了资本主义萌芽呢？因为只有这一个地区的资料，我看不能。但是从这里可以看出，在 14 世纪中期，个别地区已经有了这样相当大的手工工场，老板通过这样的生产手段来剥削雇佣工

人的历史事实。这说明当时已经有一部分农村劳动力转化为城市雇佣劳动者。这种情况在 14 世纪以前是没有的。

第二，新的商业城市兴起。在讨论中有不少文章笼统地提到明朝有南京、北京、苏州等三十三个新的商业城市，来说明这个时期商业的发展。有三十三个商业城市是不错的，但是时间有问题。因为并不是整个明朝都是这样的情况。事实上，这些城市之所以成为商业城市是在明成祖以后。当明成祖建都北京以后，为了解决粮食的运输问题，把运河挖深、加宽了。这样，通过水运不仅保证了粮食的运输，其他商品的运输也畅通了，因而促进了南北物资的交流。这样，到了宣宗时期（15 世纪中期），沿运河一带的许多城市开始繁荣起来。这时候，由于农业、手工业的发展，国内市场扩大了。这是一方面。另一方面，当时为了保证货物的流通，沿长江、运河及布政使司所在地建立了三十三个钞关。明朝用的货币叫宝钞（纸币）。关于纸币的情况这里不能详细说了，只说明一条，明朝的纸币很不合理，它不兑现，开始拿一张钞票还能换到一些物资，后来就不行了。政府只发钞票，越发越多，超过了实际物资的几百倍。在这种情况下，钞票就贬值了。明朝政府为了提高钞票的信用，采取收回钞票的政策。怎样收回呢？其中一个办法就是增加税额。因此，就在各个商业城市设立了一个机构，叫作"钞关"。一共设立了三十三个钞关。钞关是干什么的呢？就是向往来的货物收税。纳税时就用钞票交纳。钞关设在商业城市，有三十三个钞关就有三十三个商业城市，这是不错的。但有些人就根据这个数字说整个明朝只有三十三个商业城市，这就不确切了。因为设立钞关是明宣宗时候的事情，宣宗以前没有。而就商业城市来说，在明成祖的时候就不止三十三个，后来又有所增加。因此，不标明确切的时间，以一个时期的情况来概括整个明朝，是不符合当时存在的客观事实的。随着商业城市的增加，商人、手工业工人也增加了，这就形成了一个市民阶层（这个阶层主要是指手工业者、中小商人）。这些人为了保卫他们自己的利益，建立了很多行会，有事情共同商量，采取一致的行动。在这种情况下就发生了明朝末年的市民暴动。这里应该指出：所谓"市民"，这个概念不能乱用。有些人把当时的进士、举人、秀才等官僚都算作市民，这就模糊了阶级界限。这些人都是当时的统治者，不是被统治者。把市民阶层扩大化，混淆统治者与被统治者之间的界限，这是不对的。

第三，倭寇、葡萄牙海盗和沿海通商问题。明朝中叶，以朱纨为中心的一派人反对对外通商，对海盗采取镇压的政策，因而引起沿海地主阶级的反对，形成一个政治上的斗争。在这个斗争中，朱纨最后失败了。这种性质的斗争在以往的历史上是从来没有过的。汉朝、唐朝、宋朝、元朝都有过对外通商，有时还很繁盛，大量的中国人到海外去经商；不但如此，国内有不少地方还住有许多外国商人。在唐朝的时候，广州就有数量众多的蕃商。其中主要是阿拉伯人，他们住的地方叫蕃坊。其他如扬州、长安等地方也住了不少的外国商人，对外通商也很频繁。但是像明朝那样，代表通商利益的官僚地主在政治上形成一种力量，和内地一些反对通商的地主进行斗争，这种斗争影响到政府的政策，这种情况却是以往的历史上所没有的。为什么明朝会出现这种新的情况呢？因为明朝国内、国外的市场日益扩大，商业资本日益发展，商人地主在政府里有了自己的代言人。商人地主在政治上有了地位，这在历史上是个新问题。关于这个问题，近年来也有人持不同的意见。北京大学有个学生写了一篇文章，说朱纨镇压海盗是爱国的行为。朱纨是个爱国者，这观点是没有问题的，朱纨确实是爱国者，可是不能拿这个来否认当时在政治上存在着不同的意见。当时已经出现了代表沿海通商地主利益的政治活动家，这和朱纨是否爱国是两回事。我们并没有说朱纨不爱国。这点不必争论。问题在于这个时期出现了两种不同的意见：一种意见主张通商，一种意见反对通商，这是历史事实，是过去所没有的。

第四，内地的某些官僚地主也参加商业活动和经营手工工场。这方面的例子很多，大家所熟悉的《游龙戏凤》中的正德皇帝（明武宗），他就开了许多皇店。这是 16 世纪初期的事情。嘉靖时有个贵族叫郭勋（《三国演义》最早的刻本是他搞的），在北京开了许多店铺。另外有个外戚叫周瑛，在河西务开店肆做买卖。现在这个地方已经很萧条了。可是在明朝的时候，由于南方的粮食、物资运到北方来都要经过这里，因此这里是个很繁华的地方。这样的例子举不胜举。在地方上，明朝四品以上的官到处经商。四品有多大呢？知府就是四品。知县是七品。原来明朝有一条规定，禁止四品以上的官员做买卖。但是行不通。事实上官做得越大，买卖也做得越多越大。特别是像苏州这样的地方，很多退休官员开各种各样的铺子，有的发了大财，成了百万富翁。官员经商过去也有，但是在明初还多半是武官，到了明朝中叶这种情况就改变了，不但武官经商，文官也经商；不但小官经商，大官也经商；不但经商，而且还经营手工工场。华亭人徐阶做宰相时，"家中多蓄织妇，岁计所织，与市为贾"。这种现象也是过去没有过的。过去的官僚认为做买卖有失身份，社会上看不起。士、农、工、商，商放在最后。孟子就骂商人是"垄断"，认为他们不花劳动，出卖别人生产的东西从中取利，是不道德的事情，有身份的人不干这种事。汉朝以来，各个历史时期都曾不同程度地实行过重农抑商的政策。当时社会上一般是看不起商人的，当然也有个别地区有个别例外的情况。但是到16世纪以后，这种看法就改变了，不只武官，就连皇帝、贵族、官僚都抢着做买卖，商人的社会地位也提高了。

第五，当时的人对这个时期社会情况变化的总结。16世纪中期社会经济情况发生的变化，明朝人看得很清楚，有不少人就各方面变化的情况作出了总结。

首先，从社会风俗方面来说。明朝人认为嘉靖以前和嘉靖以后是两个显著不同的时代。有不少著书的人指出了正德、嘉靖以后社会风俗的变化。在嘉靖以前，妇女的服装很朴素；嘉靖以后变了，很华丽，讲究漂亮了。宴会请客，原来一般是四碗菜一碗汤，后来变成六碗、八碗，以至十二碗、十六碗菜。山东《郓城县志》记载在嘉靖以前老百姓很朴素、很老实，嘉靖以后变了，讲排场了，普通老百姓穿衣服向官僚看齐，向知识分子看齐。穷人饭都吃不上，找人家借点钱也要讲排场。总之，从吃饭、娱乐到家庭用具都不像过去了。这个时候，看到一些老实、朴素的人，大家认为不好，耻笑他。《博平县志》讲嘉靖以后过去好的风气没有了，过去乡村里没有酒店，也没有游民，嘉靖中期以后变了，到处都有酒店，二流子很多。当时有一种风气，一个人有名，有字，还要起别号。嘉靖皇帝就有很多别号。不但知识分子起别号，就连乞丐也有别号。

其次，在文化娱乐方面。嘉靖以前唱的歌曲主要是北曲，嘉靖以后南曲流行了，而且唱的歌词主要是讲男女恋爱的。嘉靖以前不大讲究园亭建筑，嘉靖以后，到处修假山、建花园，光南京就有园亭一百多所，苏州有好几十所，北方就更多了，清华园这些地方都是过去的园亭。明朝前期有一条规定，官员禁止嫖娼妓，嘉靖以后，这个纪律不生效了，文人捧妓女成为风气，为她们写诗、写文章，甚至选妓女为状元、榜眼、探花。戏剧方面，过去只有男戏，嘉靖以后就有女戏了。很多做过大官的人写剧本，像《牡丹亭》的作者汤显祖就是一个官。元曲的作者没有一个是高级官员，都是一些下层社会的人，有的在衙门里当一个小办事员，有的做医生；可是明朝戏曲的作者，大部分都是举人、进士，有些还是高级官员。明朝后期盛行赌博，官吏、士人以不会赌博、打纸牌为耻。

再次，从政治方面来看。《明史·循吏传》序提到嘉靖以前一百多年，一方面休养生息，发展生产；另一方面政治上比较清明，好官比较多。譬如大家知道的《十五贯》里面有个况钟，连做十几年的苏州知府，是个好官。另外一个好官是周忱，他做苏州巡抚二十一年，在《十五贯》里被刻画坏了，这是不对的。此外，像于谦连做河南、山西巡抚十九年。嘉靖以前，有好些巡抚连任几年甚至十几年的，这是明朝后期所没有的情况。明朝后期好官就少了。做官讲资格，一讲资格就坏事了，只要活得长就可以做大官；相反，真正能给老百姓做点事情的人就到处碰壁。像海瑞就是这样，到处遭到大地主阶级的反对，办不了好事情。明朝后期有个知识分子陈邦彦对吏治的这种变化作了总结，他说：在嘉靖以前，做官的人还讲个名节，做官回到家里，人家问他赚多少钱，他要生气；嘉靖以后发生了根本性的变化，做官等于做买卖，计较做这个官赚钱多还是赚钱少，在这个地方做官赚钱多，另外换一个赚钱少的地方就不愿意去。到富庶的地方去做官，亲友设宴庆贺；如果到穷地方去，大家就叹息。做官和发财连起来了，念书是为了做官，做官是为了发财。当时升官是凭什么呢？一个是凭资格，一个是凭贿赂。当时叫"送礼"。地方官三年期满要进京，朝廷要考核他的成绩。这时就是他"送礼"的时候了。送了礼就可以升官。所谓送上黄米、白米若干担，即指

黄金、白银若干两。后来改为送书若干册，书的后面附上金子、银子，叫作"书帕"。所以明朝后期的地方官上任以后先刻书。但是他们又没有什么学问，于是粗制滥造，乱抄一气。

以上这些情况说明，由于整个社会经济的变化，即农业、手工业生产的发展，商业的繁荣，影响到了社会各方面。一些大地主把一部分从土地剥削所得的财产投资于手工业和商业，这样，过去被社会上所歧视的商人的地位就提高了。国家的高级官员有不少人变成了商人。经商成为社会风气。商人赚了钱就奢侈浪费，造成社会上的虚假繁荣现象。封建秩序、封建礼法开始受到冲击，从而在文学艺术方面也出现了反映这种社会生活的作品。

第六，货币经济的发展。在明朝以前，白银已经部分使用，但是还不普遍，还没有作为正式的货币。元朝使用钞票。明朝初年用铜钱，由于老百姓已经有了用钞票的习惯，反而不习惯用铜钱，只好仍然用钞票。但是由于明朝对钞票管理不善，无限制地发行，又不兑现，因而引起通货膨胀，钞价贬值，由一贯钞值银一两贬至只值一两个钱，钞票的经济意义逐渐没有了。钞票不能用，铜钱的重量又太大，短途进行交易还可以，像从南到北的远距离交易，带大量的铜钱就不行，几万、几十万铜钱很重，不方便。在这种情况下白银就日渐流通于市场。白银有它的优点：它的质量不会变，既能分割，化整为零，又能把一些分散的银子铸成一锭，化零为整。白银价值比较高，一两白银可以抵一千钱。因此社会上对白银的需要越来越迫切。

上次讲过，明朝建都北京，粮食主要要从南方运来。四五百万石粮食的运费要由农民负担，运费超过粮食价格的几倍，农民负担很重。所以到明英宗时，逐渐改变了这种办法。有些地方税收开始改折"金花银"，像这个地区应该送四石粮食，现在不要你交粮食了，改交一两银子。政府用一两银子同样可以买到四石粮食。由于国内市场的扩大和税收折银的结果，银子的需要量就大大增加了，原有的银子不够市场上的需要。因此在万历时期就出现了采银的高潮。政府征发许多人，到处开银矿，苛征暴敛，引起国内人民的反对。

通过对外贸易的出超，大量的白银输入了。西班牙人从墨西哥运白银到吕宋，由吕宋转运中国，以换取中国的丝织品和瓷器。到后期，墨西哥的银元也大量流入中国。这样，国内白银数量逐渐增加。所以到万历初年，赋役制度大改变，把原来的田赋制度改为"一条鞭法"，使赋役合一。从此大部分地区的赋税和徭役改折银两。

由于手工业和商业的发展，商品流通的客观需要，远距离的大量的交易需要共同的货币作媒介，因而白银普遍地应用起来了。这种情况也是以往历史上所没有发生过的。

第七，文学作品上的反映。唐朝、宋朝也有传奇小说，里面的主角是些什么人？主要是官僚、士大夫、文人等等。写市井人物的作品很少。到明代中叶以后出现了以市井人物为主人公的作品。例如《白蛇传》的故事。《西湖三塔记》中的三怪是：乌鸡、水獭、白蛇，男主角是将门之后——奚宣赞（岳飞部下的将官奚统制之子）。而《洛阳三怪记》的三怪是：赤斑蛇、白猫精、白鸡精，男主角却是开金银铺的老板潘松了。流传到现在的《白蛇传》只剩下二怪：白蛇和青蛇，男主角则是开生药铺的许仙。故事的主角从将门之后的奚宣赞转变为生药铺的许仙，这一变化是值得我们注意的。

又如《金瓶梅》，是万历二十二年（1594）以后的作品，写嘉靖、万历年间的事。主角西门庆也是开生药铺的。与西门庆来往的篾片、清客都是官僚地主的后人，原来的地位比西门庆高，后来没落了，成为西门庆的门客。以这样一些人物为中心的小说，在过去是没有的。

此外，在"三言""二拍"中，如《卖油郎独占花魁》《倒运汉巧遇洞庭红》等，主角是卖油小贩和偶然发财的穷汉，这也都是当时的社会现实在文艺作品中的具体反映。

第八，明朝后期有了一些替商人说话的政治家。譬如徐光启，他是上海人，是最早接受西洋科学，介绍和传播西洋科学（如物理学、化学、天文学）的一个人。他家里原来是地主，后来兼营商业。他本人中了进士，做过宰相。在他的思想中，反映了保护商人特权的要求，他提出了维护商人利益的具体建议。当时国家财政困难，西北有许多荒地，他就主张政府允许各地的地主阶级招募农民来开垦荒地。开垦荒地多的，除了粮食给他外，还可以允许这个地主家里的子弟有多少人考秀才、多少人上学，给他以政治保证。从他这种主张来看，他是当时从地主转为商人的这一集团在政治上的代表人物。

总的来说，上面所讲的这些问题是明朝以前没有发生过的，或者虽然发生过，但并不显著。当时的人也认识到了嘉靖前和嘉靖后所发生的这种巨大变化。当然，他们还不能理解这叫作资本主义萌芽。从我们今天来看，这个变化是旧的东西改变了，新的东西露出了头。这些例子都可以作为资本主义萌芽来看。但是这些萌芽并没有成长，之后又遭到了压力，因此到鸦片战争以前中国还不能进入资本主义社会。资本主义还处在萌芽状态。

这方面的材料直到现在还是不够完备的，还没有进行认真的研究。上面谈的只是个人的看法，不一定对，更不一定成熟，只供同志们参考。

郑和下西洋

首先说明西洋是指什么地方。明朝时候把现在的南洋地区统称为东洋和西洋。西洋指的是现在的印度半岛、马来半岛、印度尼西亚、婆罗洲等地区，东洋指的菲律宾、日本等地区。在元朝以前已经有了东、西洋之分，为什么有这样的分法呢？因为当时在海上航行要靠针路（指南针），针路分东洋指针和西洋指针，因此在地理名词上就有"东洋"和"西洋"。郑和下西洋指的是什么地方呢？主要是指现在的南洋群岛。

中国人到南洋去的历史很早，并不是从郑和开始的。远在公元以前，秦朝的政治力量已经达到现在的越南地区。到了汉武帝的时候，现在的南洋群岛许多地区已经同汉朝有很多往来。这种往来分两类：一类是官方的，即政府派遣的商船队；一类是民间的商人。可是像郑和船队这样由国家派遣的船队，一次出去几万人、几十条大船（这些船是当时世界上最大的船，也就是当时世界上最大的海军），不但到了现在南洋群岛的主要国家，而且一直到了非洲。其规模之大，人数之多，范围之广，那是历史上前所未有的，就是明朝以后也没有。这样大规模的航海，在当时世界历史上也没有过。郑和下西洋比哥伦布发现新大陆早八十七年，比迪亚士发现好望角早八十三年，比达·伽马发现新航路早九十三年，比麦哲伦到达菲律宾早一百一十六年。比世界上所有著名的航海家的航海活动都早。可以说郑和是历史上最早的、最伟大的、最有成绩的航海家。

问题是为什么在十五世纪的前期中国能派出这样大规模的航海舰队，而不是别的时候？这个问题历史记载上有一种说法，说郑和下西洋仅仅是为了寻找建文帝的下落。这种说法是不正确的。上次我们讲到，明成祖从北京打到南京，夺取了他的侄子建文帝的帝位。建文帝是明太祖的孙子，他做了皇帝以后，听信了齐泰、黄子澄等人的意见，要把他的一些叔叔——明太祖封的亲王的力量消灭掉，以加强中央集权。他解除了一些亲王的军事权力，有的被关起来，有的被废为庶人。于是燕王便起兵反抗，打了几年，最后打到南京。历史记载说燕王军队打到南京后，"宫中火起，帝不知所终"。"帝不知所终"这句话是经过了认真研究的，因为当时宫里起了火，把宫里的人都烧死了，烧死的尸首分不清到底是谁。于是就产生了一个建文帝到底死了没有的疑案。假如没有死，他跑出去了的话，那么，他就有可能重新组织军队来推翻明成祖的统治。从当时全国的形势来看是存在这个问题的。因为建文帝是继承他祖父明太祖的，全国各个地方都服从他的指挥。明成祖虽然在军事上取得了胜利，但是并没有把建文帝的整个军事力量摧毁，他的军事力量只是在今天从北京到南京的铁路沿线上，其他地方还是建文帝原来的势力范围。因此明成祖就得考虑建文帝到底还在不在？如果是逃出去了，又逃到了什么地方？他得想办法把建文帝逮住。于是他派了礼部尚书（相当于现在的内务部长）胡濙，名义上是到全国各地去找神仙（当时传说有一个神仙叫张三丰），实际上是去寻找建文帝。前后找了二三十年。《明史·胡濙传》说胡濙每次找了回来都向明成祖报告。最后一次向皇帝报告时，成祖正在军中，胡濙讲的什么别人都听不到，只见他讲了以后明成祖很高兴。历史学家们认为，最后这一次报告，可能是说建文帝已经死了。另外，明成祖又怕建文帝不在国内，跑到国外去了。所以他在派郑和下西洋的时候，要郑和在国外也留心这件事。这是可能的，但这不是郑和下西洋的主要目的。郑和下西洋主要是由于经济上的原因。

这里插一个问题，讲讲明成祖和建文帝之间的斗争说明了什么问题。明成祖以后的各代对建文帝的下落一事也非常重视。万历皇帝就曾经同他的老师谈起这个问题，问建文帝到底到哪里去了，为什么经过一百多年还搞不清楚。当时出现了很多有关建文帝的书，这些书讲建文帝是怎么逃出南京的，经过些什么地方，逃到了什么地方。有的书说他到了云南，当了和尚，跟他一起逃走的那些人也都当了和尚。诸如此类的传说越来越多。此外，记载建文帝事迹的书也越来越多。这说明什么问题呢？说明一个政治问题。建文帝在位期间，改变了他祖父明太祖的一些做法。他认为明太祖所定下来的一些制度，现在经过了几十年，应该改变。当时建文帝周围的一些人都是些儒生，缺乏实际斗争经验，他们自己想出的一些办法也并不高明。尽管如此，建文帝的这种举动还是得到了不少人的支持。但是明成祖起兵反对他。在明成祖看来，明太祖所规定的一切制度都是尽善尽美的。他不容许建文帝改变祖先的东西。因此，明成祖和建文帝之间的斗争就是保持还是改变明太祖所定的旧制度的斗争。在这个斗争中建文帝失败了。明成祖做了皇帝以后，把建文帝改变了的一些东西又全部恢复过来。一直到明朝灭亡，两百多年都没有变动。

在这种情况下，有不少的知识分子对明成祖的政治感到不满，不满意他的统治。他们通过什么方式来表达这种不满呢？公开反对不行，于是通过对建文帝的怀念来表达。他们肯定建文帝，赞扬建文帝，实际上就是反对明成祖。因此，关于建文帝的传说就越来越多了。现在我们到四川、云南这些地方旅行，到处可以发现所谓建文帝的遗址。这里有一个庙说是建文帝住过的，那里有一个寺院，里头有几棵树，说是建文帝栽的。有没有这样的事情呢？没有。明末清初有个文人叫钱谦益（这个人政治上很糟糕）写了文章专门研究这个问题。当时许多书上都说：当南京

被燕兵包围时，城门打不开，建文帝便剃了头发，跟着几个随从的人从下水道的水门跑出去了。钱谦益说这靠不住，南京下水道的水门根本不能通出城去。他当时做南京礼部尚书，对宫殿里的情况是很熟悉的。此外，还有很多不合事实的传说，他都逐条驳斥了。最后他作了这样的解释：假如建文帝真的跑出去了，当时明成祖所统治的地区只是从北京到南京的交通线附近，只要建文帝一号召，全国各地都会响应他，他还可以继续进行斗争。但结果没有这样。这就可以得出一个结论：建文帝是死在宫里了。但当时不能肯定，万一他跑了怎么办？所以就派人去找。我认为这样解释比较说得通。

现在我们继续讲郑和下西洋的问题。如果说郑和下西洋的主要目的是为了找建文帝，那是不合事实的，但也不能说完全没有这方面的动机。因为当时的怀疑不能解决，通过他出去访问，让他注意这个问题是可能的。那么，郑和下西洋的主要目的到底是什么呢？这就是上次所说的，是国内经济发展的必然结果。经过1348年到1368年二十年的战争，经济上受到了很大的破坏。但是经过洪武时期采取的恢复生产、发展生产的措施以后，人口增加了，耕地面积扩大了，粮食、棉花、油料的产量都提高了，人民的生活有了改善，政府的财政税收比以前多了。随之而来，对国外物资的需要也增加了。这种对国外物资需要的增加主要在两个方面，一方面是人民日常生活所需要的物资，主要是香料、染料。香料主要是用在饮食方面作调料，就是把菜做得更好一些，或者使某种菜能储藏得更久。像胡椒就是人民所需要的东西。胡椒从哪里来呢？是从印度来的，一直到现在还是如此。还有其他许多香料也大多是从南洋各岛来的。在南洋有个香料岛，专门出产香料。另一种是染料，为什么对染料的需要这样迫切呢？明朝以前，我们的祖先常用的染料都是草木染料，譬如蓝色是草蓝；或者是矿物染料。这样的染料一方面价钱贵，另一方面又容易褪色。进口染料就可以解决这些问题。朝鲜族喜欢穿白衣服，我们国内有些人也喜欢穿白衣服，为什么？原因很简单，因为买不起染料。封建社会里，皇帝穿黄衣服，最高级的官穿红衣服，再下一级的官穿紫衣服、穿蓝衣服，最下等的穿绿衣服。为什么用衣服的颜色来区别呢？也很简单，染料贵。老百姓买不起染料，只好穿白衣服。所以古人说"白衣""白丁"，指的是平民。这些封建礼节都是由物质基础决定的。因此就有向国外去寻找染料的要求。这是一类，是人民的日常生活所需要的。另外一类是毫无意义的消费品，主要是珠宝。这是专门供贵族社会特别是宫廷里享受的。有一种宝石叫"猫儿眼"，还有一种叫"祖母绿"，过去谁也不知道是什么样子，只知道是宝石。最近我们在万历皇帝的定陵里发现了这两种东西。这些东西都是从外国买来的。除了珠宝以外，还有一些珍禽异兽。当时的人把一种兽叫作麒麟，实际上就是动物园里的长颈鹿。对外物资需要增加的同时，由于国内经济的发展，一些可供出口的物资，如绸缎、瓷器（主要是江西瓷，其他地区也有一些）、铁器（主要生产工具）的产量也增加了。

除了经济上的条件以外，还有一个很重要的条件，就是当时中国对外的航海通商已有悠久的历史。从秦朝开始，经过唐朝、南宋到元朝，在这个漫长的时期内，政府的商船队、私人的商船队不断出去。有些私人商船队发了财。到了明朝，由于长期的积累，已经具备了丰富的航海知识和有经验的航海人员。有了这些条件，就出现了从明成祖永乐三年（1405）到他的孙子明宣宗宣德八年（1433）近三十年之间以郑和为首的七次下西洋的事迹。

郑和出去坐的船叫作"宝船"，政府专门设立了制造宝船的机构。这种船有多大呢？大船长四十丈，宽十八丈；中船长三十七丈，宽十五丈。当时在全世界再没有比这更大的船了。一条船可以载多少人呢？根据第一次派出的人数来计算，平均每条船可以坐四百五十人。每次出去多少人呢？有人数最多的军队，此外还有水手、翻译、会计、修船工人、医生等，平均每次出去二万七八千人。这样的规模是了不起的，后来的哥伦布、麦哲伦航海每次不过三四只船，百把人，是不能和这相比的。谁来带领这么多人的航海队呢？明朝政府选择了郑和。因为郑和很勇敢，很有能力。同时，当时南洋的许多国家都是信仰回教的，而郑和也是个回教徒（但他同时也信仰佛教），他的祖父和父亲都曾经朝拜过麦加。回教徒一生最大的愿望就是到麦加去磕一个头，凡是去过麦加的人就称为哈只。选派这样的回教徒到信奉回教的地方去就可以减少隔阂，好办事。在郑和带去的翻译里面也有一些人是回教徒，这些人后来写了一些书，把当时访问的一些国家的情况记载下来了。这些书有的流传到现在。有人问：郑和是云南人，他怎么成了明成祖部下的大官呢？这很简单，洪武十四年的时候，明太祖派兵打云南，把元朝在云南的残余势力打败了，取得了云南。在战争中俘虏了一些人，郑和就是在这次战争中被俘虏的。他当时还是一个小孩，后来让他做太监，分给了明成祖。他跟明成祖出去打仗时，表现很勇敢，取得了明成祖的信任。因此明成祖让他担负了到南洋各国去访问的任务。

他们第一次出去坐了六十二艘大船，带了很多军队。这里发生了这样的问题：他们既然是到外国去通商、去访问，为什么要带这么多军队？这是因为当时从中国去南洋群岛的航线上有海盗，这些海盗不但抢劫中国商船，而且别的国家到我们这里来做买卖的商船也抢。郑和用强大的军事力量把海盗消灭了，这样就保证了航路的畅通。另外，为了防止外国来侵犯他们，也需要带足够的军事力量。郑和到锡兰的时候，锡兰国王看到中国商船队的物资很多，他就抢劫这些物资。结果郑和把他打败了，并把他俘虏到北京。后来明朝政府又把他放回去，告诉他，只要你今后不再当强盗就行了。可见为了航行的安全，郑和带军队去是必要的。郑和率领的军事力量虽然很强大，用现在的话来说，他带去了好几个师的军队，而当时南洋没有一个地区有这样强大的军事力量。但是郑和的军队只是用于防卫的。他所进行的是和平通商。尽管当时有这样的力量，这样的可能，但是没有占领别人的一寸土地。后来，比郑和晚一百年的西方人到东方来就不同了。他们

一手拿商品，一手拿宝剑，把所到的地方都变成他们的殖民地。如葡萄牙人到了南洋以后就占领了南洋的一些岛屿。当然，在我们的历史上个别的时候也有占领别人的土地的事情。但总的来说，我们国家不是好侵略的国家，我们国家没有占领别国的领土，这和西方资本主义国家有本质的不同。根据当时保留下来的记载，可以看出郑和和南洋各国所进行的贸易是平等的，而不是强加于人的。交易双方公平议价，有些书上记载得很具体，说双方把手伸到袖子里摸手指头议价。现在我们国内有些地方还用这种办法。郑和所到的地区都有中国的侨民，有开矿的、有做工的、有做买卖的，各方面的人都有。有的地方甚至是以华侨为中心，华侨在经济上占主导地位。因此郑和每到一个地方都受到欢迎。

郑和每到一个国家，除了把自己带去的大量商品卖给他们外，也从这些国家带一些商品到中国来。从第一次出去以后，他就选择了南洋群岛的一个岛屿作为根据地，贮积很多货物，以此地为中心，分派商船到各地贸易等，各分遣船队都回到此地后，再一同回国。在前后不到三十年的时期中，印度洋沿岸地区他都走到了，最远到达了红海口的亚丁和非洲的木骨都束。木骨都束就是今索马里的首都，现在叫作摩加迪沙。前年摩加迪沙的市长访问北京的时候，我们对他讲：我们的国家五六百年前就有人访问过你们。他听了很高兴。

通过郑和七次下西洋，中国和南洋的航路畅通了，对外贸易大大地发展了，出国的华侨也就更多了。通过这几十年的对外接触，中国跟南洋这些地区的关系越来越深，来往也越来越多。由于华侨的活动，以及中国的先进生产工具传入这些国家，这样，南洋地区的生产也越来越进步。所以，郑和下西洋的历史事实说明，我们这个国家有这样一个很好的传统：不去侵略人家。正因为这样，直到现在，尽管时间过去了五六百年，但是郑和到过的国家，很多地方都有纪念他的历史遗址。因为郑和叫三宝太监，所以很多地方都用三宝来命名。像郑和下西洋这样的事以往历史上是没有的，明朝以后也没有，这是明朝历史上一件很突出的事情。

现在要问：郑和第七次下西洋以后，为什么不去第八次呢？这里有客观的原因，也有主观的原因。客观原因是八十多年以后，欧洲人到东方来进行殖民活动，阻碍了中国和南洋诸国的往来。主观的原因有这几方面：第一，政治上的原因。明成祖死了以后，他的儿子做皇帝。这个短命皇帝很快又死了，再传给下一代，这就是宣宗。宣宗做皇帝时还是个八九岁的小孩，不懂事。于是宫廷里便由他的祖母当权，政府则由三杨（杨士奇、杨荣、杨溥）掌握。三杨在朝廷里当了二三十年的机要秘书。三个老头加上一个老太太掌握国家大权。这些人和明成祖不一样。明成祖有远大的眼光。他们却认为他多事，你派这么多人出去干什么？家里又不是没吃的、没喝的。不过明成祖在世时他们不敢反对，明成祖一死，他们当了家，就不准派人出去了。第二，组织这样的商队需要一个能代替郑和的人，因为郑和这时已经六十多岁，不能再出去了。第三，经济上的原因。从外国进口的物资都是消费物资，不能进行再生产。无论是香料还是染料，都是消费品，

珠宝就更不用说了，更是毫无意义的东西。以我们有用的丝绸、铁器、瓷器来换取珠宝，这样做划不来。虽然能解决沿海一些人的生活问题，但是好处不大，国家开支太多。所以，为了节约国家的财政开支，后来就不派遣商队出国了。正当明朝停止派船出国的时候，欧洲人占领了南洋的香料岛，葡萄牙人占领了我们的澳门。他们是用欺骗手段占领澳门的。开头他们向明朝的地方官说：他们的商船经常到这个地方来，遇到风浪把货物打湿了，要租个地方晒晒货物。最初还给租钱，后来就不给了，慢慢地侵占了这个地方，一直到现在还占领着。[1]

从欧洲人到东方来占领殖民地以后，中国的形势就改变了。经过清朝几百年，特别是鸦片战争以后，许多帝国主义国家从几个方面包围中国：印度被英国占领了；缅甸被英国占领了；越南被法国占领了；菲律宾先被西班牙占领，后又被美国占领了；东方的日本走上了资本主义道路，向外进行侵略扩张活动。所以近百年的中国，四面被资本主义国家和帝国主义国家所包围，再加上清朝政府的日益腐败，就使中国逐步变成了半殖民地半封建的国家，进入了半封建半殖民地的社会。

---

① "现在"为作者写作时间，与目前有一定时间差距。